U0936321

珍藏本·增订本
纪念版

汉译世界学术名著丛书

司法推理中应用的基本法律概念

（修订译本）

〔美〕韦斯利·霍菲尔德 著

张书友 译

商务印书馆
SINCE 1897
The Commercial Press

Wesley Newcomb Hohfeld

FUNDAMENTAL LEGAL CONCEPTIONS

As Applied in Judicial Reasoning

Yale University Press, 1964

本书据美国耶鲁大学出版社 1964 年版译出

汉译世界学术名著丛书
（120 年纪念版·珍藏本）
增订本出版说明

2017 年 10 月，为纪念商务印书馆创立 120 周年，本馆推出“汉译世界学术名著丛书”（120 年纪念版·珍藏本），计七百种。近五六年来，仰赖学界同人倾力支持，订正旧译，增补新译，拓展新著，积累日多。为满足读者需要，本馆在七百种的基础上，继续推出“汉译世界学术名著丛书”（120 年纪念版·珍藏本·增订本）三百种。至此，“汉译世界学术名著丛书”累计出版，已达千种。

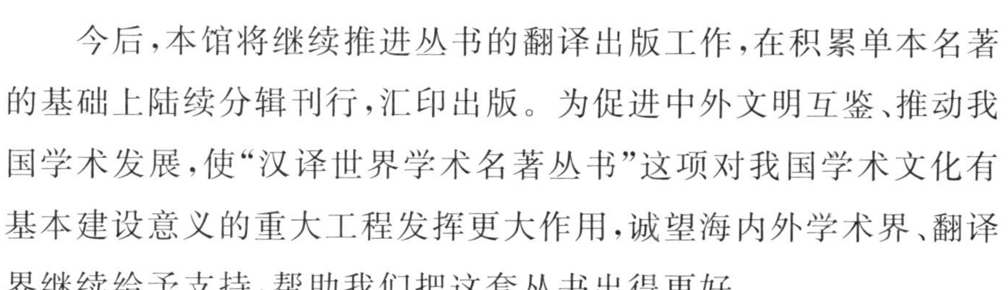

今后，本馆将继续推进丛书的翻译出版工作，在积累单本名著的基础上陆续分辑刊行，汇印出版。为促进中外文明互鉴、推动我国学术发展，使“汉译世界学术名著丛书”这项对我国学术文化有基本建设意义的重大工程发挥更大作用，诚望海内外学术界、翻译界继续给予支持，帮助我们把这套丛书出得更好。

商务印书馆编辑部

2024 年 2 月

汉译世界学术名著丛书
（120年纪念版·珍藏本）
出版说明

2017年2月11日，商务印书馆迎来120岁的生日。120年前，商务印书馆前贤怀揣文化救国的理想，抱持“昌明教育，开启民智”的使命，立足本土，放眼寰宇，以出版为津梁，沟通中西，为中国、为世界提供最富智慧的思想文化成果。无论世事白云苍狗，潮流左右激荡，甚至战火硝烟弥漫，始终践行学术报国之志，无改初心。

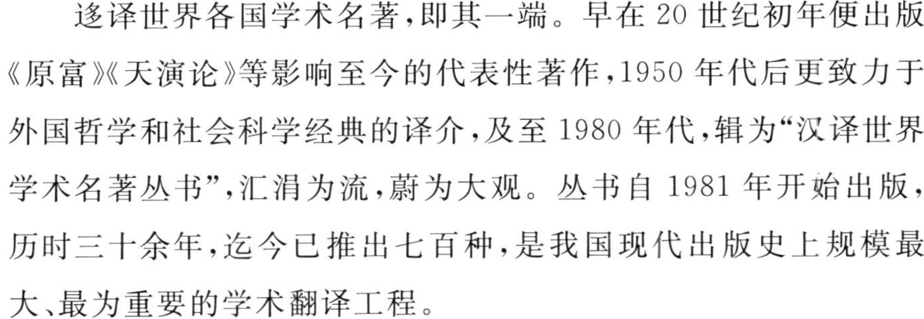

逐译世界各国学术名著，即其一端。早在20世纪初年便出版《原富》《天演论》等影响至今的代表性著作，1950年代后更致力于外国哲学和社会科学经典的译介，及至1980年代，辑为“汉译世界学术名著丛书”，汇涓为流，蔚为大观。丛书自1981年开始出版，历时三十余年，迄今已推出七百种，是我国现代出版史上规模最大、最为重要的学术翻译工程。

丛书所选之书，立场观点不囿于一派，学科领域不限于一门，皆为文明开启以来，各时代、各国家、各民族的思想与文化精粹，代表着人类已经到达过的精神境界。丛书系统译介世界学术经典，引领时代思想，为本土原创学术的发展提供丰富的文化滋养，为推动中国现代学术和现代化进程做出了突出的贡献。

为纪念商务印书馆成立120周年，我们整体推出“汉译世界学术名著丛书”120年纪念版的珍藏本，寄望既利于文化积累，又便于研读查考，同时向长期支持丛书出版的译者、编者和读者致以敬意。

两甲子后的今天，商务印书馆又站在了一个新的历史时间节点上。我们不仅要铭记先辈的身影和足迹，更须让我们的步伐充满新的时代精神。这是商务人代代相传的事业，更是与国家和民族的命运始终紧密相连的事业。我们责无旁贷，必须做好我们这代人的传承与创造，让我们的努力和成果不仅凝聚成民族文化的记忆，还能成为后来人可以接续的事业。唯此，才能不负前贤，无愧来者。

商务印书馆编辑部

2017年10月

目　录

序 vii

1913年，时任斯坦福大学教授的霍菲尔德以长文《司法推理中应用的若干基本法律概念》(“Some Fundamental Legal Conceptions as Applied in Judicial Reasoning”)投稿《耶鲁法律杂志》(*Yale Law Journal*)，众编辑经盲审后当即决定发表。不久，霍菲尔德便接到耶鲁大学法学院的教授聘书，并欣然赴任。依他本人草拟并经耶鲁同意的聘约，霍菲尔德既有“权利”(right)也享“特权”(privilege)：终身任职于耶鲁为其权利；依其意愿于一年后重返斯坦福则为其特权。同时，斯坦福也赋予他缺席一年的特权，并辅以归来后依其意愿重任原教职的权利。

对普通读者而言，霍菲尔德同耶鲁及斯坦福的两项约定或许颇不寻常，却皆合其心意。所“不寻常者”，似乎仅在于使用了“特权”一词：多数人大概会用“权利”表达此义，而在使用时根本不曾意识到此处表达的乃是与“权利”一词本义截然不同的另一含义。结果，耶鲁与斯坦福皆负有一项依法可强制执行的义务，而霍菲尔德却对两校不负担任何义务。也就是说，他拥有两项“权利”与两项“特权”，而耶鲁与斯坦福却只负有两项义务而不享有任何权利。

大多数法官与民众会把这两项“特权”描述为“权利”，却对“权利”本属一词两义、一语双关懵然不觉，不知道此概念表达的乃是迥然有别的两回事。任教于东京大学的美国人特里（Henry T. Terry）教授便把第二种意义上的权利称作“许可权”（permissive rights）。当然，这不是说法官与普通民众连话都不会说。一词多义本是常有之事，辞书编纂者和语言学家并不反对这些令人眼花缭乱的用法，反倒是费心搜罗了语词的各种用法，并为其分别贴上“书面语”“口头语”“旧用法”“方言”“粗话”“俚语”等标签。有一部大词典给
viii “权利”列出了多达 20 种解释；《牛津大词典》更不得了，为了解释“意义”一词的诸多意义，就“遵循历史原则”用小号字印满了整整 14 栏。其实，任何语言中的语词都无所谓“真正的”“客观的”或“合法的”含义，不论在言辞、书信，还是合同、法律中，不拘一格的用法并不会惹来麻烦。

但对“权利”之类的重要词汇而言，一词多义却真的会造成风险，在合同、判决乃至立法中尤其如此：含混的词义往往是误解、纠纷、冲突与错案的源头。本书所收录的霍菲尔德的论文就证明了此点，因合同、立法甚至宪法解释而生的经久不息的争议与冲突皆是明证。宪法宣称各州皆不得剥夺合众国公民的“特权与豁免”（privileges and immunities），可又有谁知晓何谓特权与豁免呢？恐怕就连制宪的国父们对此也不甚了了。也许他们心中的“权利”与“特权”本是一回事，于是就用“权利”这个包罗万象的词汇表达了全部四个含义，因为常人平日里正是这样使用“权利”的——这个词可有不下 20 种解释。

霍菲尔德识别并区分了律师与法官最常用的八个概念（或称之为八种观念、思想），即所谓“基本”法律概念。之所以“基本”，是

由于这八个概念表达了任何政治与司法制度皆不可或缺的重要法律关系。霍菲尔德并未给这些基本概念另造新词。这些概念蕴藏于常人心间,跃动于法官笔端;用来表达概念的那些词汇,更在司法意见中俯拾即是,常人也能脱口而出。尽管这些词汇的用法含混不清、彼此重复且自相矛盾,霍菲尔德却令其脱胎换骨、点石成金。他努力清除其中重复与矛盾的内容,迫使法官或其他使用者接受其清晰、确定的含义(也就是思想、概念),并选取最恰当的词汇与人交流。人对自己想要表达的概念应心中有数,这当然至关重要,但对传情达意之词的正确选择也非同小可。以其昏昏当然不能使人昭昭,但若口不应心、词不达意,同样会让人不知所云。

霍菲尔德不是靠形式化的定义来达成上述目标,而是分别以“相关”(correlatives)与“相反”(opposites)为标准将八个术语分为两组。因为不论多么纷繁复杂的法律关系皆可化约为两人之间的关系,那么每一关系就分别指向两人,就需要分别从每一方的角度来给此法律关系取个名字,实际上每一法律关系也的确有两个名字。这样一来,任何法律关系均被分别从双方的立场上进行了描述。若某甲持有某乙出具的面额为 100 元的欠条或收货凭证,当期限届满时,某甲便享有请求某乙支付 100 元的“权利”。那么某乙呢?当然不能说某乙也有“权利”;相反,某乙负担了一项支付 100 元的“义务”(或债务)。某乙为债务人,某甲则为债权人。某乙必须支付,因为某甲可赖国家强制之助迫使某乙如此行事。那么,权利与义务便属相关。也就是说,权利和义务是在从两个角度描述同一关系。通过这种简单的办法,霍菲尔德在“权利”的多种惯用法中确定其一而排除其余。“权利”表达的是此人对他人行为的支配，而“义务”则意味着为他人利益而施加的社会强制。每一概念以及表达概念的术语皆与另一概念及术语呈相关性。

同理，另外六个术语也因两两相关而被分成三组，进而每一术语也被赋予了唯一且统一的含义。非但如此，八个术语还构成了四对相反（矛盾）关系。那么，“权利”便与“无权利”（no-right，只有这个连字符是霍菲尔德的发明，因为他在英语中实在找不到现成的词汇表达此概念），而“特权”便与义务相反。

霍菲尔德可能希望他对法律关系的分析与对法律术语的提炼能够为大众接受并经得起时间检验。然而，此后 40 年的岁月却无奈地证明，他的雄心抱负即使未完全付诸东流，也相差无几了。直到近些年，多数人才开始意识到自身思想的混乱不堪和语言的漏洞百出。当年奥格登（C. K. Ogden）与理查兹（I. A. Richards）的大作《意义之意义》（*The Meaning of Meaning*）曾指出不少哲人教授对概念的使用前后并不一致，甚至证明顶尖心理学家明斯特伯格（Hugo Münsterberg）在同一段落中使用的“意义”一词竟有六种不同的“意义”，但两位作者当时并未因此赢得读者的喝彩。霍菲尔德的论文足以冒犯志得意满的法律人，但他又不屑稍费笔墨消除时人的不快。就连介绍霍菲尔德的这些文字，似乎也因过于专业而要请读者诸君见谅了。倒是他在耶鲁的短暂教书生涯稍有兴味。有一年，我在芝加哥参加会议，一群法学教授凑在一处，自然热闹非凡。一位霍菲尔德当年在斯坦福的同事可谓诙谐，他说：“耶鲁人说起权利-权力-特权-豁免来，嘴皮子可真利索，就像在说一个词似的，和我们说‘狗娘养的’（son-of-a-bitch）差不多。”这个说法一经我证实，这位教授立刻表示：“任何法学院，至多有一个霍菲尔德就够了，再多可就受不了！”

霍菲尔德于1914年秋开始任教于耶鲁。他是一位严师，要求学生们都要掌握他提出的“基本概念”，并精确地使用表达上述概念的术语。可学生们受其他教授术语使用习惯的影响，觉得这是根本办不到的事情。这种局面对于任何教师而言都是麻烦事。人人皆对批评自身所用术语并试图加以改造的举动愤愤不平。由于看不到“基本概念”的益处，他们觉得霍菲尔德的努力纯属庸人自扰。“难道优美的传统英语还不够吗?”这些人就像神学界正统而无知的“原教旨主义者”一般，对修订他们所熟稔的英王钦定版《圣经》的举动怒火中烧：“我们有上帝的语言就够了！”于是，学生们给霍菲尔德起绰号并恶语相加。有一次，我看到法学院的罗杰斯院长(Henry Wade Rogers，此公自身就是一位有着普鲁士作风的严师)慈父般地拍着霍菲尔德的肩膀说道：“要善待学生嘛，霍菲尔德。”

有高年级学生选修了霍菲尔德讲授的信托法和法律冲突课程，他们非常担心挂科。于是，就有流言蜚语拿霍菲尔德同耶鲁的聘约做文章，结果以讹传讹，学生们误以为霍菲尔德在耶鲁只受聘一年。结果他们炮制了一份多人签名的“陈情书”，送到校长哈德利(Arthur Twining Hadley)手中，请求校方不要续聘霍菲尔德。校长本人没和霍菲尔德打过交道，就礼貌地收下了“陈情书”。当然，选课学生中也不乏霍菲尔德的知音，其中一位如丧考妣地找到我，他说：“绝不能解聘霍菲尔德，他可是全院最好的老师啊！”我连忙向他澄清了霍菲尔德聘约的详情，并保证去找校长交涉。谁承想我还没动身，校长已在办公室召见霍菲尔德，并向他出示了“陈情书”。霍菲尔德惊恸交集，他丝毫未作辩解，离开校长办公室后直奔西联邮政，向斯坦福拍了一封无可挽回的辞职电报。

事后我对校长解释了聘约的条款，他立刻恍然大悟，此后那封“陈情书”便如泥牛入海更无消息了。两年后，哈德利校长的公子也就读于耶鲁法学院，他掌握了霍菲尔德的分析方法，并向其父做了解说。后来他告诉我，老头儿听后有点儿兴奋，还说：“可以用这个来定义自由权(liberty)嘛！”

xi 霍菲尔德的概念分析和术语阐述的确对分析法律问题大有裨益，能够避免法律术语的含混与多变。当然，这本身解决不了社会问题或司法政策问题，但却能帮助政策制定者弄清争议究竟何在，从而避免跑题，也就更有可能得出有根据的合理结论。也有人稀里糊涂地就抵制相互约束的解决之道，殊不知各种群体——不论种族、阶级、地域还是社团——莫不寻求其“权利”与“自由”得到承认。可是承认你的需求就等于给他人施加义务，而赋予你特权则无异于取消他人的权利。对此，他们即使并非全然无知，至少所知有限。其实个人之间的冲突与讼争也是一理。有人强烈主张将所谓“人权”(human rights)凌驾于“财产权”(property rights)之上，殊不知一切权利皆系“人”权。所以问题根本不在于人与物孰轻孰重，而在于是否要为了全人类对物的需求与享用而剥夺某些人的权利，是否应为全人类之利益而牺牲某些人的舒适、幸福甚至生存。

在霍菲尔德执教耶鲁的最后那段日子里，他曾收到昔日斯坦福弟子们的不少来信，甚至还有一封信来自当日耶鲁“陈情书”的

签名者（我曾读过此信），此人后来成了联邦上诉法院的法官。这些来信无非是说从霍菲尔德的思维和表达训练中获益匪浅，正是这些训练助其走上法律职业之路云云。

对霍菲尔德的论文感到不快的不仅有学生，还有那些志得意满的教授。这不仅是由于霍菲尔德的作品非经刻苦严格的训练不能领会，还在于教授们误以为这套概念分析与术语是决定社会政策与法律政策的方法——不仅区分权利与特权、权利与权力以及豁免，还要以此确定是否实际存在此类法律关系，甚至哪些法律关系应当存在。理解概念之间的彼此区别与某权利或特权是否存在本是风马牛不相及的两件事。理解概念的区别，只是帮助我们弄清问题本身而已。譬如某人争取“权利”，我们心里便清楚他其实是要求国家（也就是由人构成的公共组织）为他人创设义务并强制执行之；而若某人争取“特权”，则无非是要求国家剥夺他人现有的权利。当然，你大可像土匪或猎狗那样去争一块“骨头”，但这就不关法律或“权利”的事情了。

在霍菲尔德于1918年去世时，几乎全国每个大学的法律院系里都有一两个人认识到了霍菲尔德的事业是有价值的，而其他大 xii
多数人的态度则是怀疑与怨恨交织。一位有名的法学家曾断言霍菲尔德所谓“法律上的特权”根本“与法律无关”（或许是由于“特权”一词原本就是指不存在社会强制或强制力吧）。至于霍菲尔德的少数知音，除耶鲁法学院的全体成员外，尚有芝加哥大学的比奇洛（Harry A. Bigelow）、哥伦比亚大学的摩尔（Underhill Moore）与奥利芬特（Herman Oliphant），以及1916年自芝加哥大学转到耶鲁的库克（Walter Wheeler Cook）。在耶鲁的三年半中，霍菲尔

德发表了本书所收的论文，并在美国法学院协会（Association of American Law Schools）宣读了论文——《一个重要的法学流派》（“A Vital School of Jurisprudence and Law”）。该文冗长且通篇充斥“法理学”词汇，难免令听众如坐针毡。窃以为，霍菲尔德并未将教授们与他所谓的各种“法理学”门派一一对号入座，反而令每位法学教授都感到霍菲尔德一个人把所有的位子全占了。我本人曾依据霍菲尔德的理论写过一篇题为《法律分析与术语》（“Legal Analysis and Terminology”）的论文；1919 年，协会的理事们要求我就霍菲尔德的著作于全会开幕前做一专题报告。报告在当年 12 月的例会上进行且反响强烈，丝毫没有不满与愤怒的声音。讨论中，一位知名教授问我“对人权”（right *in personam*）与“对物权”（right *in rem*）有何区别。我答道，并无区别，只不过对人权乃是针对受相关义务约束之人的权利，而对物权则是针对无数受相关义务约束的不特定多数人的（各式各样）权利之一。一切对物权同时也是对人权。

1923 年，哈佛大学的威利斯顿（Samuel Williston）受美国法学会（American Law Institute）委托“重述”（restate）合同法。他挑选我和奥利芬特作助手，并对我们说，尽管他不能全盘接受霍菲尔德对术语的阐释（譬如“责任”），但他相信霍菲尔德的分析是有益的，并希望以此避免在重述中出现前言不搭后语的失误。因为我俩对霍菲尔德的分析更熟悉，他便让我们为他的重述在术语一致性上把关。我俩欣然领命。尽管奥利芬特不久便因故离开，我则一直坚持到 1932 年整个《重述》完稿之际。在重述工作的最后一个阶段，我终于令威利斯顿承认他用“责任”（liability）一词表达了两个不同的概念：一个是尚待履行的第一性(primary)义务，另一个则是对不履行上述义务采取救济的第二性(secondary)义务。此后，他便摒弃了对“责任”一词的不严谨用法。

霍菲尔德概念分析的重要优点之一在于他并未另起炉灶，而是选择了现有的法言法语，只不过严格限定这些术语的用法，令其只能表述单一的概念(他为“无权利”一词增加的连字符未被人们
接受)。不论判决、重述还是法学著作，只要作者思考得清楚、分析 xiii
得明白，就完全可以采用霍菲尔德的术语写作，而读者哪怕不知霍菲尔德是何许人也，哪怕自身思虑未清、分析未明，阅读起来也不会有任何障碍。

不论霍菲尔德还是独裁者，都难以强迫人们清晰思考、严格用词。尽管如此，霍菲尔德的分析方法却令法学家、经济学家甚至掌握了该方法的常人得以分析复杂问题并提出解决方案，从而使日常语言在总体上变得更精确，甚至那些自身不能区分不同术语、以一词表多义者也能受益。霍菲尔德为八个基本术语规定了单一含义，而这往往正是法官与法学家最常用的含义，他在这方面的努力业已取得了巨大成功。不论论文、判决还是著作，皆能以这种方法写得明白易知，而不必添加任何有碍英语文体之物。

如果说霍菲尔德对其余七个术语用法的限定还算成功的话，那么他对“责任”概念所付出的努力可谓收效甚微。在不论是法律界还是金融界的术语中，“责任”就是义务(债、债务)，既包括逾期未获履行的义务，也包括未届履行期限的义务。但霍菲尔德眼中的责任却是一个与“权力”(power)相关的术语，他发现多数司法判决中使用的相应概念都是“责任”。经济学家康芒斯(John R.

Commons)谙熟霍菲尔德的理论,并充分意识到能够用这套分析方法来解决经济问题,但他却建议用“承受”(exposure)一词取代责任——尽管该词的这种用法实在是闻所未闻,但也不失为一个好主意。康芒斯的《资本主义的法律基础》(*The Legal Foundations of Capitalism*)自是值得一读的佳构,但此书对其他经济学家的影响却微乎其微。原因明摆着:要读懂康芒斯,就得先掌握霍菲尔德的分析方法;可是经济学家们早已身陷那套熟悉的术语而难以自拔了。吃一堑长一智,康芒斯后来的著作《制度经济学》(*Institutional Economics*)则成功得多:他用同样的分析得出了相似的结论,却再不敢向读者传授霍菲尔德的理论了。

霍菲尔德的姓名与著作在当代或已湮没无闻,但其理论却对不少学者(包括当代学者在内)产生了莫大影响。美国法学会的财产法重述最初便是由芝加哥大学的比奇洛教授主持,他将此《重述》的第一章全部用来分析“财产”这个概念——在霍菲尔德(以及比奇洛)看来,“财产”乃是包含了权利、权力、特权以及豁免的多种法律关系的集合体。这章内容一定影响了司法界和法学界的思维方式,但却未能撼动后者对术语的使用习惯。在人类持续的进化
xiv 与发展中,根本不该有(的确也不曾有)在“财产”与生存或是“人权”与“财产权”之间进行取舍的问题,对于好学深思者而言,这本是一目了然的道理;相反,真正的问题倒在于,改造被称作“财产”的复杂法律概念,取消作为其组成部分的某些权利或特权,或代之以其他成分,是否有助于增进人类的幸福与福利?对于其他复杂多变的法律概念,诸如“自由”“自由权”“契约”以及“契约自由”而言,上述问题同样存在。我们都曾为“我们的权利”“我们的民权”

以及“自由”或“自由权”摇旗呐喊，可我们究竟是为了谁，又是为了什么而鼓与呼呢？

我们须臾不可忘记，不论合同、判决还是汗牛充栋的法律与政治著作，以及制定法和宪法，其作者并非如霍菲尔德一般对术语的用法了然于心。霍菲尔德从未提供上述文本的解释方法。若有人像霍菲尔德限定术语用法那样限定宪法所保护的“特权与豁免”、限定法定或约定的“权利”，可谓是昧了良心。须知当年制宪的国父们遣词造句时可不曾如霍菲尔德一般对此心中有数。而这也正是造成国人对宪法难以把握、聚讼纷纭甚至酿成冲突与战争的主要缘由。霍菲尔德所能做到的，也只是帮助我们澄清制宪者有意无意间所追求之物罢了。

若能明了霍菲尔德理论是纯分析性的，则理解与接受该理论的不少障碍也就迎刃而解了。霍菲尔德的论文无关乎是否承认现有的权利、权力、特权与豁免，无关乎是否维持法律或经济的现状。阐明权利与特权是两回事当然不足以令人激动，唯有以他人的牺牲为代价来维护和扩展自身的权利与特权的念头才会令人眼热心跳。霍菲尔德当然明白，不论立法者、法官还是法科师生乃至普通公民，最关心的当然是法律与政府的目的和功能。他曾雄心万丈地想要开创“一个重要的法学流派”，但直到他 38 岁英年早逝之际，却还未及关注法律及其“规则”与“权利”的起源以及因适应人口、环境及文化变迁而发生的演进与变革之类的问题。若天假其年，霍菲尔德必能以其鲜有其匹的聪明睿智对此类难题逐一展开研究。凡此种种，有幸与他共事者皆信之不谬，可惜有此机缘者如今也仅余三人尚在人间了。但对其他人而言，若具备理解霍菲尔德分析理论的勤奋与才智，若能意识到此种分析乃是解决法律与经济问题、裁判疑难案件、改进司法与行政制度以及增进人类幸福皆不可或缺之基石，则上述难题至少还有解决的希望。

亚瑟·科宾

于缅因州西布斯贝港

1963年8月

导　读 3

霍菲尔德对法律科学的贡献[1]

英语国家的法律人大都把各种形式的“法理学”看作象牙塔内与实践无关的东西，而对所谓“分析法学”(analytical jurisprudence)尤作如是观。此理之常，无足怪之。主要原因(起码是原因之一)在于，分析法学家几乎毫无例外地在对法律本质、法律权利、法律义务之类的概念自说自话，苟能自圆其说，就算大功告成。须知此类分析除供文人自娱外，还应充当达成某个目标的手段，而不能为了分析而分析。然而，分析法学家却大多对此懵然不觉，他们并不把帮助律师和法官解决所面临的实际问题当回事，从而也未能展示分析方法在处理法律个案时本应发挥的作用。

在笔者看来，霍菲尔德过于短暂的一生对法律界最大的启示便是，地道的分析法学乃是任何科班出身的律师与法官皆不可或缺的工具——之所以不可或缺，是由于法律职业人想要胜任日常法律实务，就须臾不能离于分析方法。而霍菲尔德作为一名分析法学家，最难能可贵之处在于，他看到了尽管分析法学自身已足够

1　重印时，经原作者许可收入本书。原文载于：28 *Yale Law Journal*, 1919, 721-738.（原文标题为：“Hohfeld’s Contributions to the Science of Law”。——译者）

有趣，但最大的价值却是帮助实务工作者便捷而又确定地找出法
律问题的正解。就此而言，其实分析法学与其他真正的科学并无
区别。当然必须强调的是，不能因为对于霍菲尔德本人的追思而
4 过分夸大分析法学的作用；他比其他人更清楚地意识到，尽管分析
方法为法律职业所不可或缺，但仅有分析却远远不够。相反，霍菲
尔德曾反复强调其他学派的作用，尤其是他在美国法学院协会宣
读的论文《一个重要的法学流派》中指出，分析法学的使命乃是为
其他学派清道，唯有与后者携手并进，才能圆满地解决法律问题。
那么对他而言，法律分析首先是达成目标的手段，是帮助律师和法
官弄清面临何种法律问题并找到相似判例的利器。本文之所以主
要局限于霍菲尔德的分析理论，则是由于他的多数著作皆着眼于
此，并以严谨的逻辑思维与超群的分析能力在该领域独占鳌头。

霍菲尔德的著作皆为发表于法学期刊的长文，且多有连载数期者：

《法人债务中股东个人责任的性质》（"The Nature of Stockholders' Individual Liability for Corporation Debts", 9 *Columbia Law Review*, 1909, 285-320）。

《股东个人责任与法律冲突》（"The Individual Liability of Stockholders and the Conflict of Laws", 9 *Columbia Law Review*, 1909, 492-522; 10 *ibid.*, 1910, 283-326, 10 *ibid.*, 520-549）。

《衡平法与普通法的关系》（"The Relations Between Equity and Law", 11 *Michigan Law Review*, 1913, 537-571）。

《司法推理中应用的若干基本法律概念》（"Some Fundamental Legal Conceptions as Applied in Judicial Reasoning", 23 *Yale*

Law Journal,1913，16-59）和“司法推理中应用的基本法律概念”（“Fundamental Legal Conceptions as Applied in Judicial Reasoning”，26 *Yale Law Journal*,1917，710-770）。

《加州信托与永持权法应设救济条款》（“The Need of Remedial Legislation in the California Law of Trusts and Perpetuities”，1 *California Law Review*，1913，305-335）。

《一个重要的法学流派》（“A Vital School of Jurisprudence and Law”，in *Proceedings of Association of American Law School*，1914）。

《衡平法与普通法的冲突》（“The Conflict of Equity and Law”，26 *Yale Law Journal*，1917，767-770. 附于“司法推理中应用的基本法律概念”一文后）。

《地役权与许可案件中的错误分析》（“Faulty Analysis in Easement and License Cases”，27 *Yale Law Journal*，1917，66-101）。

在霍菲尔德患病期间，甚至直到弥留之际，他仍计划在不久的
将来完成并出版一部分析法学专著，而上述两篇“基本法律概念”
以及“衡平法与普通法的关系”便是其组成部分。而这正是霍菲尔
德对法律理论所做出的基础性贡献。或许，这三篇论文已足以勾 5
勒出霍菲尔德那部未及完成之著作的大概轮廓，然而它们也像其
他重要的期刊论文一般，发表后便湮没于故纸堆中，非但有学识的
律师与法官懒得翻阅，甚至连我国的法学教师也少有问津。本文
若能唤起法律界对霍菲尔德的更多关注，则余愿足矣。

“司法推理中应用的基本法律概念”——这一标题恰如其分地展示了霍菲尔德对于分析领域的兴趣。“司法推理中应用的”这一

定语尤其值得注意：基本法律概念绝非抽象，而恰是用以解决律师与法官在日常事务中遇到的具体实践问题。

在深入霍菲尔德试图建立的理论体系之前，还得啰唆几句：霍菲尔德比任何人都更加清楚地意识到，谁也无法自诩白手起家创造了任何科学的主体部分，不论法学还是物理学，概莫能外。个人所能做到的，至多是为早已矗立的科学大厦添砖加瓦而已。所以不论何人的著作，多半都是对前辈学者早已表达过的观点加以重述。若能对现有的研究有丝毫增益，哪怕只是对前人使用过的素材重新加以整理，从而令后来者在探索此问题时少走些弯路、多获些进展，也就足慰平生了。

霍菲尔德在文中提出了足以描述一切法律问题的八个基本概念，并列成下表：

法律上的相反关系	权　利	特　权	权　力	豁　免
	无权利	义　务	无权力	责　任
法律上的相关关系	权　利	特　权	权　力	豁　免
	义　务	无权利	责　任	无权力

只要是对法律并不陌生，尤其是读过霍菲尔德之前学者的法理学著作的读者一眼就能看出，表中所列的术语并不新鲜，皆是常见的法言法语（只有一个例外）。诚然，这些术语在平日里并不具
6 备上述图表所赋予的精确含义；相反，还一词多义、人言人殊，甚至同一使用者也往往前言不搭后语。之前的法理学家已几乎发现了并讨论过霍菲尔德体系中术语所表达的所有概念，这也是不争的

事实。[1a]但稍加留心，便不难发现表中所列的概念与术语只要经过逻辑上的改造，便将脱胎换骨为分析法律问题之利器。改造完成的这些法律概念成了足以描述一切法律问题的“最小公分母”(lowest common denominators)，而法律问题经这些概念的描述，将会与先前大不相同，找到问题的关键也将变得易如反掌。而前文所提到的那些学者虽然发现了这些概念，却根本不曾在他们的相关研究中对其加以真正应用。[2]

“权利”一词的用法可谓极不严谨，几乎涵盖了所有的法律关系，爱动脑筋的法科学生或许已模糊地意识到这一点。举个例子来说，我们有时可能会觉得自卫之“权”(right/privilege)与免受他人攻击之“权”颇有不同；但很少有人充分意识到，若不仔细区别不同类型的权利，我们的法律思维就无法真正做到精确。我们常谈论设立遗嘱的权利、制定法律的权利以及非经正当程序不得处分财产的权利，诸如此类。上述以及其他事例都充分说明，“权利”一词所表达的概念经常变化，这足以令我们的思维陷入混乱。

既已清楚地认识到同一术语被用来表达四个截然不同的法律概念，我们就难免会猜想：能否找到合逻辑的术语来表达不同概念之间的区别呢？霍菲尔德为此选择了四个术语：权利、特权、权力以及豁免，这样做最大的优点是，这些概念皆为律师与法官所耳熟

1a　特里：《英美法指导原则》(*Some Leading Principles of Anglo-American Law*, 1884)，第六章，第 84—138 页；萨尔蒙德(John Salmond)：《法理学》(*Jurisprudence*, 4th edn., 1913)，第十章，第 179—196 页。

2　在我看来，唯有特里或许还算是对此类概念在分析和解决法律问题中的重要作用稍有认识。

能详，并且有时还碰巧准确表达了上述概念。因此，霍菲尔德决定继续使用这些术语。

7 狭义的**权利**与**义务**相关。鉴于该术语最为人所熟知，故先对其加以讨论。权利表达某人对他人可强制的请求(affirmative claim)，与“特权”有别，后者乃是免受他人权利或请求影响的自由。**特权**可用以表述诽谤法(law of defamation)中不损名誉之言论以及对证人作证义务的免除。对前者而言，可称某些情形下的诽谤为“特权”，即允许诽谤。换言之，公开发表诽谤言论为某人之**特权**。但是，这丝毫不意味着享有特权者能够向他人做出可强制的请求，即他人有不发表此言论之义务——否则就不再是特权，而成了狭义的“权利”。那么，在此情形下，发表诽谤言论者仅仅是不负担相反义务而已。证人的作证义务也是如此：有时我们称证人有特权，即有些情形下证人的作证义务被免除，譬如不必自证其罪。[3] 因此，“特权”就表示不负担义务，而与之相关的概念必然表达不拥有权利。很遗憾，日常语言中并无确切表达与特权相关概念的术语，因此必须新造一个术语。于是，霍菲尔德发明了“无权利”一词，这显然是受到了 *nobody*、*nothing* 之类构词法的启发。因此“特权”与“无权利”这对术语就分别表达了一方不负义务而对方没有权利这种关系。[4]

3 那么，不自证其罪之“权”这一表述不仅包含了特权，还包含了狭义(*stricto sensu*)权利；同样，宪法所赋予的广义“权利”也包含了法律上的豁免，而相应地立法机关便无权力(disability)剥夺公民的特权与权利了。

4 无疑，会有人不承认“特权”与“无权利”这对概念作为法律关系的意义。参见本人为“美联社案”撰写的评论(28 *Yale Law Journal*，1918)，第 391 页。

法律界对“权力”一词并不陌生，它一般用来表达“处分权”(powers of appointment)。握有权力者便有在法律上通过特定行为改变法律关系的能力，譬如改变财产的所有权即属之。既然法律世界中充满此类“权力”，那么在霍菲尔德看来，不论任何人，只要能以其行为引起法律关系变更，便握有某项或某些法律**权力**。8
凡有权力存在，则其行使至少将改变某人的法律关系。对于法律关系受他人行使权力之行为影响者，霍菲尔德则将其描述为承担某项“**责任**”。一定要当心，切不可误解“责任”一词。此术语以往的用法含混不清，常表示不利与负担。而霍菲尔德理论体系中的“责任”却并非如此，反而完全可能是值得期待之物。譬如，动产所有权人可“抛弃”其所有权，从而授予所有其他人通过占有取得该动产所有权的法律权力——当然，还需有必要的主观意思。[5] 那么在此动产遭抛弃前，承担“责任”者并非所有权人，而是除所有权人之外的一切其他人，而此责任的内容则是一项前所未有的法律权力(取得该动产所有权)从天而降。再如任何人皆可借要约与他人订立合同，而发出要约这一行为便为受要约人——只需通知后者而不必获其同意——创设了一项借“承诺”产生新法律关系的权力。[6] 那么，任何在法律上有缔约能力者皆时刻承担着被赋予此项权力的**责任**。

5　即有占有之意思。若以为他人管领之意思而为占有，则仅生合法他主占有之效果，并仍保有以占有之意思取得其所有权之权力。不论上述何种情形，皆应立即推定该动产归发现者占有，而其他人则丧失取得该动产所有权之权力。

6　对于上述缔约过程分析的具体应用，参见科宾：《要约、承诺及其产生的法律关系》(Corbin, “Offer and Acceptance, and Some of the Resulting Legal Relations”, 26 *Yale Law Journal*, 1917, 169)。

“权利”这一术语的另一用法虽不常见，但也非绝无仅有：若某人现有的法律关系不受他人权力之影响，则也称此人拥有一项“权利”。譬如，我们常说非经正当程序不得剥夺某人的自由或财产，并称之为后者的“权利”；其实我们想表达的意思是，除非政府官员以特定方式行事，否则此人免受官员权力之影响。表达上述免受权力影响的恰当概念是“**豁免**”。其实，宪法中对“权利”一词的使
9 用有时就确切表达了上述含义。[6a]在霍菲尔德的理论体系中，豁免乃是描述一切某人现有法律关系不受他人权力改变之法律现象的属概念。[7] 与豁免相关，某人若欠缺改变他人法律关系之能，则称作“**无权力**”，即不具有实现此改变的权力。法律上的“豁免”概念，绝非像萨尔蒙德在其《法理学》的注释中暗示的那样无足轻重。譬如，那种“受益人不得自由处分信托财产”的信托（spendthrift trust）之所以有别于普通信托，不仅是由于前者的受益人（*cestui que trust*）缺少处分信托财产的法律权力，更是由于受益人的正当利益得以**豁免**于未经其同意的处分，从而起到了保障债权人利益的作用。[8] 常见的免责制度、宅地法以及对生活必需品的规定，都鲜明地体现了豁免概念。[9]

因此，权力：

6a　诚然，非经法律上的正当程序不得剥夺他人人身自由与财产这一权利（狭义）显然是指通常所谓的那种“权利”；但有时“权利”所表达的含义却并非如此，而是相当于正文所述的那种现有法律关系免受各州立法机关权力之影响的情形。后一种“权利”正是豁免。

7　当然，某人现有的某项或某些法律关系可能仅对此人豁免而不对他人豁免，对一般人豁免而非对“任何人”豁免。

8　比较对《联邦宅地法》相关规定的讨论（28 *Yale Law Journal*, 1919），第 283 页。

9　通常，一项豁免也伴随着其他法律关系，对于一般法律关系而言，同样如此；几乎任何法律现象都是由或多或少的各种法律关系所构成的集合体。然而在多数案件中，最关键的问题就是有无豁免的存在，其他法律关系倒在其次。

> 总是与豁免相矛盾，正如权利与特权相矛盾一样。权利是某人针对他人的强制性请求，特权则是某人免受他人的权利或请求权约束之自由。同理，权力是对他人对特定法律关系的强制性“支配”，豁免则当然是在特定法律关系中某人免受他人法律权力或“支配”约束的自由。[10]

对于“责任”和“无权力”这两个术语，哈佛大学法学院的庞德(Roscoe Pound)院长批评它们“根本不具有独立的法律属性”。[11]
他还认为，这两个术语大而无当，因为“这两个词也可用于表述其 10
他重要的法律概念，而且实际上也是如此”。庞德的后一观点仅就措辞而言或许还值得斟酌，而对前一观点，我就不敢苟同了。霍菲尔德拣选的这八个概念乃是对人与人之间的法律关系进行一般性描述的工具。所谓相关关系，只是分别从法律关系双方的视角所作的直观描述。因此，每一个概念在逻辑上必有其相关者。若某甲握有一项法律“权力”，就后者之定义而言，某甲在法律上就必有以其行为改变对方法律关系之能。[12] 那么正如庞德在同一篇论文中所承认的，他人的法律关系“为另一人所支配(改变)”。不管庞德如何称呼这种关系，我们早已有一个现成的精确概念来描述它，

10　霍菲尔德：《司法推理中应用的若干基本法律概念》，第 60 页以下。

11　庞德：《法律权利》(“Legal Rights”, 26 *International Journal of Ethics*, 1919, 92-116)，第 92、97 页。

12　甚至能够改变其自身以及其他人的法律关系，譬如代理人替本人订立合同即属之。但是，不论在何等情形之下，都不可能只改变自身及他人的法律关系而不同时改变对方的法律关系，因为权力概念乃是彼此之间的法律关系。正如铅笔有两头，法律关系也必有两方。

即与“权力”相关者(责任)。“无权力”也是这般:若某甲的一项或多项法律关系在法律上不因某乙的行为而改变,则此关系自某乙的视角观之便是其难以改变对方的法律关系,即某乙在法律上“无权力”。虽然此术语的用法因人而异,但它显然与“豁免”相关,正如“无权利”与“特权”相关一样;尽管庞德院长在承认后者[13]“具有独立法律属性”的同时却否认前者。

“权利”“特权”“权力”与“豁免”这四个概念完整地构成了广义的法律“权利”这一复合概念。而上述概念的四个相关概念——义务、无权利、责任与无权力——也就穷尽了与法律利益(legal benefits)相关的法律负担(legal burdens)。[13a]有趣的是,霍菲尔德
11 的两位前辈——特里和萨尔蒙德——都未能发现这全部八个概念。在特里的《英美法指导原则》中,狭义权利成了“相对权”(correspondent rights),特权成了“许可权”,权力成了“特许权”(facultative rights),而豁免则根本不见踪影。至于上述概念的相关概念,更是付之阙如。而萨尔蒙德在《法理学》中将特权称为“自由权”——此措辞恐怕更欠斟酌;豁免被认为无足轻重,责任则同时充当了自由(特权)与权力的相关概念。这种两个独立概念皆与同一概念相关的做法早晚会造成思维混乱,因为既然特权与权力是两回事(这本属一目了然),那么无权利与责任也绝不会是一回事。

13　尽管庞德院长从未提到过豁免,但假如否认了与之相关的无权力的法律性质,那么前者显然也就不足以充当基本法律概念了。需要强调的是,称两个法律概念相关时,我们是就法律关系的双方而言的;而称两个法律概念相反时,却是仅就一方而言的。譬如某人可能在此情形下有权利,而情形改变后则“无权利”。

13a　此处“负担”一词是在宽泛的意义上使用的。上文业已指出,责任完全是可能给当事人带来利益的。

因此，在逻辑上完善这八个概念并充分认识每一个概念重要性的桂冠最终无可争议地落到了霍菲尔德头上。而他发现的“相关关系”与“相反关系”对澄清上述概念的可贵帮助也为世人所公认。上文已提到，霍菲尔德更为重要的贡献是证明了基本法律概念能对正确解决个案中的法律问题发挥无可替代的重要作用。公允地说，特里对此固然也功不可没，但我以为只有霍菲尔德才第一次真正看到了分析方法的巨大威力。他在本书中援引了大量合同、侵权、代理以及财产等案例来说明分析方法的用途，他让我们看到：法院几乎每天都不得不区分这八个概念，并且常为缺乏清晰的概念和精确的术语所苦。另一方面，即使聪明睿智如萨尔蒙德，也不曾将他在《法理学》中所提出的分析方法真正应用到他本人编写的《侵权法》(*Torts*)中去。读者不妨去把那本《侵权法》通读一遍，恐怕也难以看到应用《法理学》中分析方法的任何迹象，至少我不曾发现。然而，诸如地役权、名誉权之类的侵权问题可谓数不胜数，皆需仔细区分不同的法律概念才能获得正确的解决。

甚至连萨尔蒙德《法理学》的某些章节也对基本概念的含义做出了完全错误的解释。譬如“所有权”一章中的这段话： 12

> 最广义的所有权是指某人与他所拥有的任何权利之关系。能为人**所有**者不论何时皆为**权利**。尽管我们经常谈论对物的所有权，其实这只不过是为了表述简洁而作的比喻。**拥有**一块土地的真实含义乃是**拥有**附着于土地上的**某特定权利**，即所谓**不动产所有**权(*the fee simple*)。[14]

14　萨尔蒙德：《法理学》，第220页。

对于理解这八个基本法律概念含义的读者而言，这等破绽百出的著作恐难卒读。称某人拥有一块土地，其真实含义是指某人被法律授予了一系列相当复杂的权利、特权、权力以及豁免，这一切当然与土地本身有关。并非权利为此人所有，他不过是有权利罢了。[14a]也正因他有权利，他才是相关不动产的"所有"人，根本不曾"作"什么"比喻"。至于称某甲有一项"不受限制的不动产"所有权，也并非是指他"拥有附着于土地上的某种特定权利"，而是表达此人有一系列复杂的权利、特权、权力以及豁免。一言以蔽之，是其他不特定的多数人皆需尊重的利益，而这一系列法律关系当然皆与那块土地有关。

"所有权"概念的重大意义及其对实践的巨大作用非三言两语所能尽述。若读者能够充分把握这一概念，也就不难意识到传统理论对许多法律问题的解释何等肤浅，而众多流行的学说又是多么站不住脚。譬如，地役权（*a right* of way）在你眼中就成了权利、特权、权力以及豁免的集合体；你也能准确地指出其中某个法律关系可以参照哪个判例解决，并证明那些被认为可资参考的判例中的"权利"（广义）根本与该案风马牛不相及。你最终会发现，上述全新的分析方法对保持头脑清醒大有裨益，它对法律人的用处实不亚于现代医疗设备之于医生。

14a 当对"所有"和"有"加以区别时，最好以所有表达法律为某构成性事实（operative facts）设定的法律后果（legal consequences），则此后果当然意味着上述事实对所有人成立。假如将"所有"一词的含义限定于此，那么当然不能称某人拥有权利或其他法律关系，因为后者自身就是"所有"一词所指的那些法律后果之一。另一方面，我们平时说某人有权利或权力，这种表达并不会造成误解，也不会与"某人有某物"的说法混为一谈。

在关于“**基本法律概念**”的第二篇论文中，霍菲尔德列出了下 13
一步的研究计划，他写道：

> 接下来，我打算逐一讨论那些对前表所列的八种法律关系皆适用的重要分类。这些广为流行的分类主要有：对人关系（即“特定”关系）与对物关系（即“非特定”关系）；普遍（common）关系（或一般关系）与特殊（special）关系（或个别关系）；合意（consensual）关系与建构（constructive）关系；第一性关系与第二性关系；实体关系与程序关系；完备（perfect）关系与瑕疵（imperfect）关系；以及相容性（concurrent）关系（譬如普通法关系与衡平法关系两立）与排他性（exclusive）关系（譬如专属衡平法之关系）。由于我国的制定法与判例法越来越汗牛充栋，上述分类对于实践的重要性也与日俱增：不仅因为它们生来便是理解复杂法律素材并将其体系化的思维工具，更由于这些彼此相对的概念与术语愈发构成了日常司法推理与判决的形式基础。[15]

这项宏大的计划到霍菲尔德逝世为止，仅完成了两项内容，即对人（“特定”）法律关系与对物（“非特定”）法律关系以及“相容性”法律关系与“排他性”法律关系。

将“权利”分为对人权与对物权本属司空见惯，且被认为相当重要。其实这一分类可谓一塌糊涂，就连那些一贯对术语字斟句

15　霍菲尔德：《司法推理中应用的法律概念》，第712页；本书第67页以下（此页码为原书页码，即本书边码，下同。——译者）。

酌的学者也难免在此失足。正如我在别处所指出的一样，即使贤如哈佛的艾姆斯(James Barr Ames)院长，其晚年所使用的“对物权”一词有时纵与常人颇有不同，而他本人却明显对此懵然不觉。[16] 霍菲尔德在文中试图通过认真的分析与探讨令此分类拨云见日。为此，他自然难免要经常涉及前人那些并不新鲜的观点。在我看来，霍菲尔德之研究最大的优点似乎在于澄清了下述事实：对物(“非特定”)法律关系与对人(“特定”)法律关系的区别仅仅在
14 于前者包含不特定多数的相似法律关系，而后者则只包含数目有限的相似关系。他之所以建议以“非特定”(multital)法律关系这一术语取代对物关系、以“特定”(paucital)法律关系取代对人关系，正是出于上述考虑。当然，霍菲尔德之新术语的意义并不限于此：(1)令法律关系的概念不再受诸如对物法律关系一定要与一个物质实体联系在一起，甚至是“针对某物的权利”这类错误观念的影响；[17](2)也令法律关系不再因对人与对物的法律关系与对人与对物的诉讼和程序扯在一起而造成常见的困惑。[18]

只要对霍菲尔德在分析财产“所有权”时对上述分类的应用稍加了解，就不难知晓他的上述贡献是何等巨大。人们常说，所有权人有一项有别于“单纯对人权”的“对物权”。上文业已指出，所有权人所拥有的乃是一个包含了一系列权利、特权、权力及豁免的法

---

16 参见拙文：《衡平法院的权力》(“Powers of Courts of Equity”, 15 *Columbia Law Review*, 1915, 37-54)，第 43 页。

17 “信托受益人不但有一项针对依普通法占有土地者的对人权，更有一项针对土地的衡平法权利，即对物权。”见查菲(Zechariah Chafee, Jr.)：《延期债券权利》(“Rights in Overdue Paper”, 31 *Harvard Law Review*, 1918, 1104-1153)。

18 参见拙文：《衡平法院的权力》，第 37—54 页。

律关系集合体。经过对上述法律关系逐个加以检视，便不难发现其多为对物关系，即“非特定”关系。首先来看所有权人的狭义“权利”，此权利显然包含了无数对物关系。请注意，此处的“权利”一词应为复数形式。正如霍菲尔德非常恰当地指出，财产“所有权人”并非“对物”有一个权利，而是拥有无数权利——正如有无数人负担着与此权利相关的义务。[19] 那么这组相似的权利中的任何一个皆可称作“对物权”或“非特定”权利。于是，“所有权”就不仅包含了所有同类的“非特定”权利，还包含了所有同类的“非特定”特权、“非特定”权利以及“非特定”豁免。[20]

一旦理解了上述分析，下面这个讨论经久不息、答案却又因人而异的问题也就迎刃而解了。即信托受益人权利究竟是“对物权”还是“对人权”？[21] 通过分析不难证明，所谓受益人的“衡平 15
法权利”(equitable title)是一个异常复杂的法律关系集合体，它包含了权利、特权、权力以及豁免。进而可以发现，这种权利包含大量对物权或“非特定”权利——也许在细节上与普通法上对物权略有出入，但对任何精确的分析而言，其皆属名副其实的对物权。而“衡平法上所有人”的特权、权力及豁免也皆为同类“非特定”关系

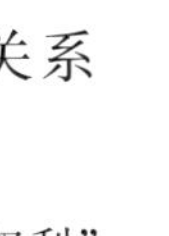

19　霍菲尔德在此文中(第710、742页以下)似乎承认可能存在单一的“共同权利”(joint right)或“共同义务”(joint duty)，参见本书第72页注释17，以及第93页以下。这两个概念对于实体法而言恐怕难以自圆其说，尽管其在程序法上完全成立。

20　具体说明详见下文。

21　“[信托]是对物权还是对人权？”参见哈特(Walter G. Hart)：《信托在法学中的地位》(“Place of Trust in Jurisprudence”, 28 *Law Quarterly Review*, 1912, 290-296)；比较斯科特(Austin Wakeman Scott)：《信托受益人权利的性质》(“The Nature of the Rights of the *Cestui Que Trust*”, 17 *Columbia Law Review*, 1917, 269-290)；斯通(Harlan F. Stone)的同名论文(17 *ibid.*, 1917, 467-501)。

的集合体。[22] 换言之，我们所熟悉的那种分析方法将一系列法律关系的复杂集合体当作简单的事物或单位来对待，正如化学家把极端复杂的化合物当成了元素，因而找不到正确答案也就不足为奇了。

要弄清有关信托受益人诸法律关系的真正性质，则须研读霍菲尔德发表于《密歇根法律评论》的《衡平法与普通法的关系》一文，这也是他后期研究计划中唯一完成的一项，即“相容性”法律关系与“排他性”法律关系。此文写于整整一代法科学生都把所谓“兰代尔-艾姆斯-梅特兰”学派的传统奉为金科玉律的大背景之下，该学派最典型的观点可见下引梅特兰(Maitland)的论述：

> 此后，1873 年的《司法法》(*Judicature Act*)改变了实体法。该法第 25 条规定了破产的执行，规定了制定法限制的适用以及毁损、合并与抵押，还规定了无体动产的转让，等等，并以下面这句话作为结尾：
>
> “前款列举未尽之事项，凡衡平法与普通法规定不同或有冲突者，优先适用衡平法。”
>
> 假如你早已知晓衡平法与普通法对不论何种案件皆有不
> 16 同甚至冲突的规定，那么你一定会认为上述规定相当重要。上引条文业已生效三十余年，但只要站在客观的立场上，谁都会认为此规定收效甚微，甚至根本没有实际效果可言。当然，

[22] 除此之外，还包括各类“特定”关系。换言之，“衡平法利益”(equitable interest)乃是一个囊括了一系列非特定/特定权利、特权、权力以及豁免的极端复杂的集合体。

你或许能找到一些遵循此规定裁判的案件，但后者却在其他方面付出了更大代价。例外者纵非绝无仅有，恐怕也是凤毛麟角。长篇大论留到后面再展开，但你在从事法律职业之初，就必须对普通法与衡平法在1875年前的关系做到心中有数。至关重要的一点就是，两类法律根本并非冲突关系。衡平法的使命不是来破坏普通法，而是来成全后者的。普通法的一点一划皆须严格遵守，若如此仍有不足，此不足之处便是衡平法的用武之地。当然，二者偶有冲突也是不争的事实。譬如，当柯克(Edward Coke)法官对当事人采取强制令(injunction)这一救济措施时便存在着公开的冲突。但这类冲突已是陈年旧事，1875年之前的两个世纪中，两类法律早就和谐共存、相得益彰了。

下面，让我来举例说明那种有时看似冲突但稍加分析便可发现实则不然的情形。就以信托为例，有人说普通法以受托人为土地所有权人，而衡平法却将受益人作为所有权人。乍一看的确存在冲突，但不妨想想，若真有冲突将会怎样？两个法院对此案皆有管辖权，一个认为某甲是土地所有权人，另一个则认为某乙是。这岂不酿成了内战和彻底的无政府状态？显然，上面的描述并不准确，甚至是误导和有害的陈述。至于如何误导、何以有害，我们不妨看看衡平法上财产的性质。衡平法把受托人而非受益人作为土地的所有权人，但却以前者为后者之利益管领土地为条件。根本就不存在冲突。假如真有冲突的话，前面提到的《司法法》早就把信托制度一笔勾销了。尽管普通法说某甲是所有权人而衡平法说某乙才是，但既然衡平法优位，那么只有某乙才是所有权人，而某甲

> 对那块土地丝毫没有任何权利、义务可言。当然,《司法法》并未采取这种粗暴的办法解决问题,而是保留了信托制度,因为普通法与衡平法之间本无冲突和分歧可言。[23]

上述对普通法与衡平法关系的描述,在逻辑清晰、长于分析的霍菲尔德看来不仅严重失真,更是彻头彻尾的谬论。非但如此,他还认为梅特兰的观点即使对于斯宾塞(Edmund Spence)等经典作家的衡平法思想(恰恰体现在前者所指摘的英国《司法法》中)而
17 言,也堪称离经叛道。而梅特兰本人后来似乎也在其他著作中承认衡平法并不是来"成全"普通法的"一点一划"的,[24]而是被大法官用以改造普通法中的不公与过时部分。至于如何同时成全而又改造普通法,就非我辈所能知了。

要证明衡平法与普通法的"冲突",即衡平法就诸多方面而言皆高于且优于普通法对同一情形所作的规定,必须首先掌握八个基本法律概念。也只有理解了基本概念,才能理解这一证明。而那些不愿使用霍菲尔德所发明的精确术语而是对自身概念抱残守缺之辈最好先做好心理准备。因此,霍菲尔德的观点便是,完备的传统衡平法理论实际上废除了普通法的大量规定,并且他通过科学分析令人信服地证明了上述观点。

广义权利(即一般法律关系)通常分为"普通法"权利和"衡平法"权利,二者的区别就在于前者由普通法院确认并执行,后者则委

---

[23] 梅特兰:《衡平法讲义》(*Lectures on Equity*, 1909),第16—18页。

[24] 尤其是梅特兰的《非法人团体》("The Unincorporate Body", 3 *Collected Papers*, 1904),第271页。

诸衡平法院。若对所谓“普通法”权利进行更加认真的分析，便不难发现其分为两类：(1)不为衡平法院所承认的权利；(2)不为衡平法院所否认的权利。譬如，若对所谓法定受托人(constructive trustee)的“普通法权利”与不存在信托关系的财产所有人之“普通法权利”作一比较，则显然前者的“普通法上所有权”基本系一假象，而后者并非如此。现在借助八个基本概念对上述情形的细节加以分析，答案也就呼之欲出了。譬如，我们接下来就会发现，尽管普通法院承认法定受托人的某些特权——诸如毁损或出售信托财产——但他在衡平法上却负有不为上述行为之义务。换言之，有一项“排他性衡平法”义务与法定受托人的“普通法”特权相冲突，并使后者归于无效。[25]

因此，只要认真研究便能得出下述结论：“排他性普通法”关 18
系——仅为普通法所承认者——**在实体法上自始**无效，因为总能找到阻止其发生效力的“排他性衡平法”关系。对此再举一例说明：依普通法，永佃权人除非被控损毁土地，则有采伐附于该土地之林木的**特权**，但他在衡平法上却负有不为此举的**义务**。须知**特权**与**义务**为“法律上的相反关系”，此时“衡平法”恰与“普通法”针锋相对。既然二者规定不一致时适用衡平法，那么“普通法特权”便在实体法上自始无效，因而仅系假象。[26] 想通过分析个案对此

---

[25] “法定受托人”因普通法而生的其他法律关系大多也是如此。然而，少数法律关系却能与衡平法“相容”，譬如为获益而将信托权利无偿让与善意买受人的权力。

[26] 然而，在程序法上却并非如此，“普通法院”不会因其属“排他性普通法”关系而不予受理。而在法典法的国家，此种情形多半将导致效力更高的法律(即衡平法)的“排他”适用，但须提起“衡平法上之反诉”，而不应以此作为“答辩”理由。

问题进行把握的读者将在文中找到大量的事例，限于篇幅，此处就不一一援引了。

据此，一切实体法律关系皆可分为两类：(1)普通法院与衡平法院皆承认其效力者；(2)仅衡平法院承认其效力者。前者为“相容性”法律关系，后者则属“排他性”法律关系。“相容”一词或许会招致批评。其实，当霍菲尔德称某法律关系“相容”时，并不表达此法律关系在衡平法和普通法上皆能直接获得“执行”之义。衡平法可通过积极和消极两种方式对确认法律关系效力发挥作用——提供衡平法上的救济为其积极方式，不阻碍普通法院的执行则为其消极方式。以土地所有权人及占有人排除他人侵入之权利为例，既然普通法已经提供了充分的救济手段，衡平法便未直接对此做出规定；而另一方面，衡平法也并未阻止普通法对侵者所造成的损害采取救济措施。可是，当损害足够严重时，就得诉诸衡平法上的救济了。因此，将此类权利称为“相容性”权利而非仅系“普通法”权利乃是公允之论。

19 简言之，通常所谓的“普通法”权利(以及其他法律关系)其实可分为两类：(1)与效力更高的排他性衡平法关系相冲突者，因而仅系假象；(2)不与后者冲突并因而有效者，即“相容性”权利。

仅为衡平法承认而不为普通法承认的法律关系在我们的法律制度中可谓司空见惯，其当然有效，可称之为“排他性”关系，即排他性衡平法关系。需要指出的是，有些法律关系最初具有“排他性”，可是随着普通法的改变，又有了“相容性”。譬如普通法中无体动产受让人的权利便是如此。[27] 尽管受让人的利益最初具有“排他性”，但现今受让人所拥有的远非关于无体动产的“法律资格”(legal title)，而是一系列“相容性”法律关系，与出让人于出让前所享有的利益并无二致。[28]

既已明了有效法律关系可分为“相容性”与“排他性”两类，则自不难将此分类应用于一切基本法律关系——权利、特权、权力、豁免及与上述概念相关者。举个简单的例子：在我国法律的某个发展阶段，无体动产让与人具有甚至是在受让人告知后免除债务的“排他性普通法”权力(因而在实体法上无效)。然而在同一时期的衡平法上，此免除却不发生效力：受让人在告知债务人之后，便具有一项“排他性”(衡平法)豁免，即不因受让无体动产而承受让与人前述行为所引起的法律关系。因此，让与人同时负担一项不得为上述免除行为的“排他性”义务，尽管他享有一项为此行为的“排他性普通法”特权(此特权无效)。然而一段时间之后，上述法律关系却变得“相容”了。譬如：“排他性”豁免成了“相容性”豁免，20
于是在受让人告知债务人之后的免除行为，不论在普通法上还是在衡平法上便皆不生法律效果了。[29]

27　关于受让人“权利”的演变历史，参见本文作者在《行动中选择的可能性》(“The Alienability of Chose in Action”, 29 *Harvard Law Review*, 1916, 816-817)及《行动中选择的可能性——答威利斯顿教授》(“The Alienability of Choses in Action: A Reply to Professor Williston”, 30 *Harvard Law Review*, 1916, 449-485)两文中的讨论。

28　威利斯顿教授曾对我关于无形动产受让人“权利”的观点提出批评，其实他误解并错误表述了我的立场，部分原因恐怕在于他并未完全理解“‘相容性’法律关系”这一概念，甚至在他最后的论文中也依然如故(30 *Harvard Law Review*, 1916, 97; 31 *Harvard Law Review*, 1916, 822)。

29　关于文中事例，参见前注27所引论文。

我在大学讲授衡平法已逾十八载，在过去的数年里，我逐渐将霍菲尔德对普通法与衡平法的分析连同基本法律概念理论一并运用到教学之中，并发现其在课堂讨论以及讲解我国现行法律制度时皆能大显身手。“相容性”与“排他性”这对术语可能会招致批评。譬如，“相容性”一词或许包含了过多的积极意味而不足以同时体现法律关系无效的消极特征。尽管如此，概念却不能不赖于术语而自立，况且确实难以找到更恰当的术语来代替霍菲尔德所提出并成功运用者。毕竟让法科学生以及法律职业人能够正确地描述问题，从而令我们得以准确地绘制法律图景、睿智地讨论法律问题才是当下之要务。对我而言，“相容性”与“排他性”这对术语所表征的概念似已足够胜任愉快了。

剩下的篇幅哪怕是用三言两语概述上文所列霍菲尔德的其他作品，恐也难免捉襟见肘。未及介绍的作品之中尤以连载于《哥伦比亚法律评论》第 9、10 卷关于“股东个人责任”的两篇论文至关重要。前者首先对“何谓法人”这一难题做出了明白易知的解释：此前困扰读者良久的艰深问题一遇到霍菲尔德的基本法律概念便迎刃而解。当代公司法理论中用以解释公司的“法人”概念，在霍菲尔德毫不留情的逻辑解剖下也土崩瓦解了。我们将在文中读到，即使只承认血肉之躯的“人”，也丝毫无碍于充分描述那个伴随所谓“公司设立”而生的法律现象。后一篇论文则对法律冲突理论做出了卓越贡献，霍菲尔德本打算对这一领域作更深入的研究。毫无疑问，正是对法律冲突的研究令他更加清楚地认识到认真分析基本概念、为该领域扫清迷雾——尤以法律的本质及其属地效力为甚——的必要性。
21 为甚——的必要性。同时，也正是通过上述研究挖掘出的丰富素材进一步激发了霍菲尔德对法律分析与生俱来的热情。

《一个重要的法学流派》是霍菲尔德于1914年在美国法学院协会宣读的论文，他号召全国的法学院认识到并负担起育才的历史使命：不仅要培养靠法律讨生活的"法律匠人"，更要以造就关键领域的法律人才为己任。要培养学生成为合格的法官、立法者和行政官员，最终将其塑造为合格的公民。唯其如此，才能令法律具有与时俱进、因地制宜的生命力，为社会发展发挥至关重要的作用。在其有生之年，霍菲尔德已看到他所提出的纲领被与他有联系的法学院欣然接受。可叹天妒英才，他却再也看不到此纲领被全面付诸实施了。或许这只是一个理想、一个"不切实际的建议"——据说一位当时在场的法学院院长曾如此评价霍菲尔德的演讲；但是我们这些法学院同人因此就有了不去努力践行此理想的借口了吗？假如时至今日，霍菲尔德的理想仍旧只是理想而未能成为现实，我们难道不应竭尽全力，让此理想在未来的日子里不再那么遥不可及吗？

"霍菲尔德是个理想主义者"，"是位理论家"——我不止一次从貌似"实干家"的人士口中听到类似评价。或许的确如此，但推动世界进步的正是理想；更何况霍菲尔德比任何人都更加清楚地认识到唯有能够应用于实践的"理论"才是成功的理论。"理论上正确，在实践中却行不通"——这本是老生常谈，却并不正确。若某理论在"理论上正确"，在实践中必然行得通；若行不通，则在"理论上"也不可能"正确"。尽管霍菲尔德为"理论"奉献了一生，但理论对他而言却只是达成目的之手段，而唯有解决法律问题、发展我们的法律以满足人类需求才是理论存在的唯一目的。在我看来，霍菲尔德的著作比任何其他法律著作都更具“实践性”。正因为如此，才在此对其理论主旨加以概述，以期引起各界读者的关注。

沃尔特·库克

22 应用霍菲尔德在两篇《基本法律概念》中开创的分析方法解决具体法律问题的作品，除他本人的《地役权与许可案件中的错误分析》《股东对法人债务所负人责任之性质》和《股东个人责任与法律冲突》之外，尚有下述其他学者的论文值得注意：

伯查德(E. M. Borchard)：《宣告性判决》(“The Declaratory Judgment”, 28 *Yale Law Journal*, 1918, 105-150)。

抽文：《行动中选择的可能性——答威利斯顿教授》(“The Alienability of Choses in Action: A Reply to Professor Williston”, 29 *Harvard Law Review*, 1916, 816-837; 30 *ibid.*, 1917, 449-534)；《工会在罢工中的特权》(“The Privileges of Labor Unions in the Struggle for Life”, 27 *Yale Law Journal*, 1918, 779-801)。

科宾：《要约、承诺及其产生的法律关系》(“Offer and Acceptance, and Some of the Resulting Legal Relations”, 26 *Yale Law Journal*, 1917, 169-206)；《合同法上的条件》(“Conditions in the Law of Contracts”, 28 *Yale Law Journal*, 1919, 739-768)。

此外，《耶鲁法律杂志》第 26、27 及 28 卷中的案例评论也广泛运用了霍菲尔德的分析方法。

上　篇 23

司法推理中应用的若干基本法律概念[*]

从古到今，信托（trust）与其他衡平法利益之本质始终是学界研究和争论的焦点。凡攻读衡平法者莫不对培根（Francis Bacon）[1]与柯克的经典论述如数家珍，甚至最新的信托法教科书仍在引用那位首席大法官的著名定义（不管该定义实际上多么不尽如人意）。[2] 至

---

* 本文原载《耶鲁法律杂志》第 13 卷（1913），收入本书时据作者手稿有所改动。

1 《培根论用益》（"Bacon on Uses", in *Circa*, 1602; ed. Rowe's, 1806），第 5—6 页："要弄清用益（an use）的性质，最好先考虑它不是什么，然后再考虑它是什么……首先，用益并非法律上的权利、资格或利益；因此，对该法学有专长的总检察长所言不虚——只有两种权利：物权（*Jus in re*）和物权取得权（*Jus ad rem*）。

"物权乃是财产所有权（an estate），而物权取得权则系请求权（a demand），即获取某物的权利，而用益却非此非彼……那么，两个否定中就得出了肯定，用益乃是……信托所有权（*Usus est dominium fiduciarum*）。

"因此，用益与所有权或占有主要区别就在于法律规则而非自然法则，即所有权归法律的法庭（court of law）管辖，而用益则受制于良心的法庭（court of conscience）……"

2 《柯克论利特尔顿》（*Coke on Littleton*, 1628），第 272 页："非也，用益是对他人的信托或信任，它并非因土地而生，而是附属于土地，一头联系着土地所有权人，另一头则联系着支配该土地者。换言之，不动产之用益人（*cesty que use*）可取得收益，土地占有人则依前者之意思处分该土地。因此，不动产用益人既不拥有物权，也不拥有物权取得权，而只有信任与信托；且此信托无法获得普通法之救济：对于违反信托之行为，其只能求助大法官法院的传唤令（*subpoena*）……"

卢因（George Lewin）在《论信托》（*On Trusts*, 12th edn., 1911）一书中曾援引此概念并表示赞同（第 11 页），在梅特兰的《衡平法讲义》中也可见到此定义（第 43、116 页）。

24 于兰代尔[3]和艾姆斯[4]的著名论文，梅特兰在《衡平法讲义》中反复强调的观点，[5]奥斯丁(John Austin)在《法理学讲义》中的独辟蹊径，[6]

3 参见兰代尔:《权利和过错的分类》("Classification of Rights and Wrongs", 13 *Harvard Law Review*, 1900, 659-678):"衡平法能为正义之目的而创设那些权利吗?由于衡平法仅在行使事实上的权力，所以它什么都不能创设……因此，衡平法权利仅存于衡平考量之中。换言之，它仅是衡平法为促进正义而拟制的。

"若我们对衡平法权利本属拟制这一事实视而不见，并假设衡平法权利确实存在的话，那么其性质、范围及适用对象又如何呢? ……衡平法权利不能违反普通法……是以普通法权利与衡平法权利必须两立，后者不得干扰或以任何方式影响前者。"

另参见兰代尔:《浅析衡平法管辖权》("Brief Survey of Equity Jurisdiction", 1 *Harvard Law Review*, 1887, 55-60):"大体上可以认为，若衡平法欲创设对物权，也无能为力;虽能为此，也不欲为。"比较上注第58页及兰代尔:《衡平法诉讼概论》(*Summary of Equity Pleading*, 2nd edn., 1883)，第45、182—184节。

4 参见艾姆斯:《未经告知的有偿买卖》("Purchase for Value Without Notice", 1 *Harvard Law Review*, 1887, 1-9):"受托人乃是土地的所有者，当然利益冲突的双方不能同为一物之主。那么信托受益人实际上拥有的是受托人所负担之债(obligation);债与任何物质实体同属财产权之对象。物上财产权与债上财产权最明显之区别在于实现方式。房屋和马匹的所有人不赖他人之助即可享受所有权之成果，而债之所有者想要实现其所有权，唯有迫使债务人履行此债。因此，前者拥有对物权，后者则拥有对人权(right *in personam*)。除此之外，财产权的一般规定平等地适用于物上所有权和债上所有权。譬如，所谓所有权中之消极权利(passive rights)就不因上述两种情形而有别。全人类所负担的不损害他人财产之普遍义务，不论对马匹的主人还是债权人同属有利。因此不论何人违反了该普遍义务，都是不折不扣的侵权行为。"

5 梅特兰:《衡平法讲义》，第17、18、112页。"我必须坚持的观点是，衡平法上的财产和利益皆非对物权。我们逐渐会发现，虽然看上去酷似对物权，但唯其如此，才更有必要指出，它们本质上是对人权，不是对整个世界而是对特定人的权利。"另参见氏著:《信托与法人》("Trust and Corporation", in 3 *Collected Papers*, 1911)，第321、325页。

6 奥斯丁:《法理学讲义》(*Lectures on Jurisprudence*, 5th edn., 1885)，第一卷，第378页:"依英国法中被称作衡平法的那部分规定，买卖合同一经订立，立即为买受人创设了对物权或所有权，而出卖人却只有他物权(*only Jus in re aliena*)……为完成交易，出卖人的法律利益必须合法地移转给买受人。为达成此目的，买受人仅有一项对人权，即一项迫使出卖人移转其法律利益的权利;但一般说来，他拥有所有权(*dominium*)或对物权，手段则是交付(conveyance)。"

萨尔蒙德在《法理学》中的语出惊人，[7] 以及哈特[8] 先生与怀特洛克（Whitlock）[9] 先生在新作中的分歧，皆充分地体现了现代法律思想家对该问题的痴迷。 25

在我看来，上述诸研究与分析皆有不足。但恐怕必须承认，不论是思考此问题自身所带来的智识快乐，还是古今法学大家之重要分歧所激发的理论雄心，对于为研究而研究来说，这些理由的分量都是不够的。但是，且不论企图“想通”所有法律问题的所谓实际打算，单是对信托以及其他衡平法利益的真正分析，就足以令哪怕最极端的法律实用主义者为之心动了。可以毫不夸张地说，对如何正确分析此类利益的看法阻碍了许多具体法律问题的解决，宪法上和法律冲突中的诸多疑难与微妙之处尤其如此。[10] 在有关

7 萨尔蒙德：《法理学》（2nd edn.，1907），第 230 页：“若我们考虑事物的本质而非形式的话，受托人就并非所有权人，而仅系代理人。法律赋予其权力，同时也令其负担管理他人财产之义务；但在法律理论上，他并非仅系代理人而是成了所有权人，他人财产被法律拟制为归此人所有，从而使他得以代表真正的所有权人，行使名义上所有权人所拥有的权利与权力。”

8 参见哈特：《信托在法学中地位》（“The Place of Trust in Jurisprudence”，28 *Law Quarterly Review*，1912，290-296）。文中观点其实与艾姆斯及梅特兰大同小异。

本文编辑波洛克爵士（Sir Frederick Pollock）在文末质疑道：“何以信托不能自成一体呢？”

9 参见怀特洛克：《信托法分类》（“Classification of the Law of Trust”，1 *California Law Review*，1913，215-218）。他写道：“有人主张，用益人所拥有的其实不仅是对人权，该权利可更恰当地表述为因物对人权（right *in personam ad rem*）或因人对物权（right *in rem per personam*）。”的确，这类含糊且累赘的说法很难不造成“治丝益棼”的后果。

10 参见比尔（Joseph Henry Beale）：《外国财产上的衡平法利益》（“Equitable Interests in Foreign Property”，20 *Harvard Law Review*，1907，382-397）；并比较：*Fall v. Easdtin*（1905），75 Neb.，104；S. C.（1909），215 U.S.，1，14-15（尤其要注意霍姆斯法官的并存意见）；*Selover，Bater & Co. v. Walsh*（1912），226 U.S.，112；*Bank of Africa Limited v. Cohen*（1909），2 Ch. 129，143。

永持权法(law of perpetuities)的某些问题中,衡平法利益的内在本质也同样关键,著名的“伦敦与西南继电器公司诉戈姆案”(*London and South Western Rly Co. v. Gomm*)[11]和其他多少与
26 之相似的案例都证明了上述判断。许多与有偿善意购买(*bona fide purchase* for value)相关的具体问题也同样与之有所牵涉。此类事例可谓不胜枚举。[12]

但上述种种却还不曾说到重点,本文并非专为衡平法利益而作,同样的观点和事例对于几乎所有类型的法律利益——不论是衡平法上的还是普通法上——似乎皆可适用;不论财产法、合同法、侵权法还是任何其他法律部门,皆无例外可言。而我之所以着重强调信托以及其他衡平法利益,仅是由于对此问题的重大分歧突出地表明:该领域比任何其他法律领域更亟须集中且系统的研究。其实,除非从一开始就对几乎每一现实法律问题皆涉及的各种基本法律概念做到心中有数,否则根本无法充分理解信托问题。对此,我要不揣冒昧地指出:通常我们对信托和其他法律利益的研究恐怕皆有欠缺,甚至不时误入歧途,原因无非是上述研究并未立足于对一般法律关系的充分理解和区分。换言之,其缺陷或谬误

---

11 杰塞尔法官(J. George Jessel)[(1882)20 Ch. D. 562, 580]写道:“若远近(remoteness)规则适用于此种性质的合同,则后者显然具有瑕疵,因为它超出了该规则所允许的期间。规则是否适用,就我看来,便取决于该合同是否产生了土地利益。……若该合同仅系人身合同,它便不能对受让人执行。因此,公司必须承认,其对土地具有某种拘束力。但它一旦对土地具有拘束力,也就创设了土地上的衡平法利益。”

12 比较:*Ball v. Milliken*(1910),31 R.Ⅰ., 36; 76 Atl., 789, 793.该案涉及的虽非永持权,但为支持其判决而引用了杰塞尔法官关于“土地上的衡平法利益”的论述。参见上注。

就在于处理具体问题时远未意识到该问题实际上具有的复杂性。可知正是这种试图将原本复杂的问题简化的“值得称道的努力”，构成了清晰理解、有序表达以及正确解决法律问题的绊脚石。总而言之，我以为正确的简化只能立足于深入研究和准确分析之上。

若本文的标题令读者猜想这是一项对法律和法律关系本质所作的纯哲学研究——为研究而研究——的话，则请允许作者先于此做一辩解：恰恰相反，应本刊编辑之邀，本文的主旨乃是强调那些有助于理解和解决日常法律实践问题，但又往往为人所忽视者。27
所以，本文和随后发表的续篇将主要关注基本法律概念——蕴涵于诸法律利益中的法律元素。续篇将专门分析某些复杂的典型与重要利益，尤其是信托与其他衡平法利益。恐怕得顺便交待一句，这两篇论文主要面向法学院的学生而非其他层次的读者。否则，文中某些部分也就没有必要如此不厌其烦了，因此还望饱学之士谅之。此外，又因期刊论文篇幅所限，故唯求简明扼要，对某些本应关注的重要问题也只能点到为止，甚至付之阙如。一言以蔽之，本文拟仅对那些个人以为最具实践意义者详加探讨。

法律概念与非法律概念

首先，恐怕有必要强调区分纯法律关系(purely legal relations)和引起该关系的物质与精神事实(physical and mental facts)的重要性。尽管这看似一目了然之事，但几乎每天的法庭辩论以及为数不少的判决都充分证明，人们有一种根深蒂固的不幸倾向，即一遇到具体问题，便会将法律因素与非法律因素搅在一起、混为一谈。之所以如此，至少有两个特殊原因。

一方面，这两组关系——物质、精神关系与纯法律关系——在观念上的联系当然极其紧密。这不能不对早期法律制度的一般学理和具体规则发生显著影响。所以，波洛克(Frederick Pollock)和梅特兰曾提醒我们：

> 古日耳曼法也如古罗马法一般，在处理债与其他合同利
> 益的让与时面临巨大困难……除非权利存在于某有体物
> (corporeal thing)中，[12a]否则人们便想不通权利何以能够让
> 与。而无体物(incorporeal thing)的历史就表明了这一点：唯
> 有在受让人已占有财产，牲畜已被圈入牧场，执事已被带到教
> 28 堂，或窃贼已被送上绞刑架之际，让与才得以彻底完成。只有
> 当契约和担保与土地的关系如此密切时，土地受让人才可对
> 缔约人或担保人提起诉讼。[13]

两位博学的作者还曾写道：

> 中世纪的法律中充满了无体物。任何可转让的永久性权利，但凡具有我们可以称之为地域范围的属性，就被认为是与

12a 相同的内容比较霍姆斯(Oliver Wendell Holmes)：《普通法》(*The Common Law*, 1881)，第 409 页。

13 波洛克、梅特兰：《英国法律史》(*History of English Law*, 2nd edn., 1905)，第二卷，第 22 页。

一块土地非常相似之物。唯其是物，方可转让。这可不是长于玄想的法学家所发明的拟制(fiction)。在普通民众看来，这些权利就是物。法律人的任务并非将其变成物，而只是指出此物无体。一个打算让与教堂圣俸授予权(advowson)的外行人会说他所让与的是教堂，这就需要布莱克顿(Henry de Bracton)向其解释：此人想转让的并非那座砖石砌就的建筑物(后者属于上帝与圣徒)，而是一种如同此人或万物之灵魂一般的无体物。[14]

另一方面，就这种将法律概念与非法律概念搅在一起、混为一谈的倾向而言，法律术语的模糊与随意也难辞其咎。“财产”(property)一词就是个突出的例证。不论是对法律人还是外行人而言，该术语皆无明确或稳定的内涵。“财产”时而表示与各种法律权利、特权之属相联系的物质对象，时而稍微严谨和精确一些，表示与该物有关的法律利益(或法律关系集合体)。人们常常迅速而又错误地从一种含义跳到另一种含义，甚至有时该术语因含义太过“含混”而根本不能传达任何确切的意思。

为了举例说明上述不严谨的用法，我们不妨援引“威尔逊诉沃德木材公司案”(*Wilson v. Ward Lumber Co.*)中的言语[15]：“‘财产’这一术语通常表示财产权(*right* of property)于行使之际所指

14 波洛克、梅特兰：《英国法律史》(*History of English Law*, 2nd edn., 1905)，第二卷，第124页。

15 (1895) 67 Fed.Rep., 674, 677；另一与之相似但混乱尤甚的表述参见：*In re Fixen*(1900)，102 Fed.Rep., 295, 296.

向的**外部**对象。在此意义上,其含义甚广,包括可为某人所有的或对其具有利益的各种取得物(acquisitions)。”

或许时任大法官的史密斯(Jeremiah Smith)教授在著名的“伊顿诉波士顿与缅因州铁路公司案”(*Eaton v. B. C. & M. R. R. Co.*)中的表述最能说明与之截然相反的精确用法[16]:

> 29 在严格的法律意义上,土地并非“财产”,而只是财产的对象。尽管“财产”这一术语在日常用语中常指土地或动产,但它在法律上却“仅指所有权人与上述对象有关之权利”,“指特定物上之权利”。“财产就是任何人占有、使用、收益及处分某物的权利。”……不受限制的用益人(或用益行为)之权利乃是绝对财产(absolute property)的基本性质,若非如此,便无绝对财产可言……用益人的此项权利必须包括排除他人使用该土地的权利及权力。[16a]

舍伍德法官(J. Sherwood)在“圣路易斯诉霍尔案”(*St.*

---

16 (1872)51 N.H., 504, 511;另参见科姆斯托克法官(J. Comstock)在“怀恩哈默诉人民案”(*Wynehamer v. People*, 1856, 13 N.Y.〗, 378, 3960)、塞尔登法官(J. Selden)在同一案件(S.C., 13 N.Y., 378, 433-434)、瑞恩法官(J. Ryan)在“劳诉雷斯印刷公司案”(*Law v. Ress Printing Co.*, 1894, 41 Neb.,127,146)以及马格鲁德法官(J. Magruder)在“狄克逊诉人民案”(*Dixon v. People*, 1897, 168 Ill., 179, 190)中与之相似的精彩论述。

16a 比较格雷法官(J. Gray)在“罗伯逊诉罗切斯特折叠盒公司案”(*Roberson v. Rochester Folding Box Co.*, 1902, 171 N.Y., 538, 64 N.E., 442)中的异议:“财产未必是为某人所有之物自身,也可以是所有权人有关该物之权利。此人占有某物的权利,以及此人作为个体或国家成员之特权皆属财产,故皆应受法律保护。”

Louis v. Hall）的意见中也有关于此问题的有益表述[17]：

> 该术语有时用以表达某物自身，诸如马匹或土地；然而，这些物虽系财产权之对象，但当其与占有相联系时，则成了“标志”（*indicia*），即无形权利的有形呈现以及“无体之物的证据”。
>
> 那么，特定对象上的财产权便由某些要素构成，即不受限制地使用、收益和处分该对象之权利。

从“财产”一词的潜在模糊性恰好可以看出，在人们想象的（却是错误的）“有体”财产与“无体”财产的区别中，同样隐藏着思维和表达的不严谨。前引波洛克和梅特兰的第二段文字已说明了该问题的一个方面。要找到更有力的证明，我们不妨看看布莱克斯通（William Blackstone）是如何论述有体与无体的世袭财产（hereditament）的。这位伟大的评注家告诉我们：

> 柯克曾说，世袭财产是最包罗万象的说法；因其不仅包括

17　(1893)116 Mo., 527, 533-534. 作为对财产权的分析而言，下文将指出引文最后一句话表述的并不完整。

关于“财产”这一术语，另参见多伊首席大法官（C. J. Doe）在“史密斯诉费尔洛案”（*Smith v. Fairloh*, 1894, 68 N.H., 123, 144-145）中的意见，诸如“通过将财产权分解为其所包含的法律权利以考察财产权”等语。

塞尔登法官在前引“怀恩哈默诉人民案”中的意见，第 433 页；布莱克斯通：《英国法释义》（*Commentaries on the Laws of England*, 1765），第二卷，第 138 页；奥斯丁：《法理学讲义》，第二卷，第 817、818 页。

> 30 土地和房产，还包括任何可继承之物，不论有体还是无体，不动产抑或动产，甚至可为混合财产。[18]

显然，唯有此类**法律利益**才可继承；然而引文却纠缠不清地将物理学意义上的物或“有体”之物与相应的法律利益混为一谈。用舍伍德法官的话来说，后者必然皆属“无体”或“无形”。这种模棱两可的思维和语言贯穿于布莱克斯通的全部著作。他接着写道：

> 最广义的世袭财产，包括有体与无体两类。有体财产由可感知的事物组成，譬如可见或可触及者；而无体财产则并非感官之对象，既看不见也无法触及，乃是心灵之造物，仅存在于思维之中。

接下来：

> 一项无体世袭承财产就是一种权利，它源自某有体物（无论动产抑或不动产），它与该物有关，或从属该物，抑或以该物为其行使范围……
>
> 无体世袭财产概有 10 种：圣俸授予权（advowson）、什一税（tithes）、公地使用权（commons）、地役权（ways）、官职（offices）、爵位（dignities）、特许权（franchises）、生活补助

18　布莱克斯通：《英国法释义》，第二卷，第 16—43 页。

(corodies)或抚恤金(pensions)、养老金(annuities)以及地租(rents)。

既然一切法律利益皆属“无体”——或多或少的特定抽象法律关系之集合体——那么布莱克斯通所假想出的所谓区别,便只能令人误入歧途了。就所谓“无体”而言,不受限制继承的(fee simple)土地所有权人之法律权益与对该土地享有地役权者的有限利益本无区别可言;当然,真正的区别主要在于前者关于土地的法律关系远比地役权人广泛得多。

法律术语中的许多困难根源于下述事实:多数词语最初仅表达物质对象,[19]而当其用以表达法律关系时,严格说来,皆属比喻和拟制。“让与”(transfer)一词就是典型的例证。若某甲称其已 31
将挂表让与某乙,他真正想表达的意思可能是他实际已将该表交付某乙;或者更可能是指虽未交付,但已“让与”了他的法律利益——后者当然是该术语的比喻用法。下文涉及法律利益之“让与”时,还会谈到这个问题。这种从物质世界借用术语且基本在比喻意义上使用的另一个例子便是“权力”。该词频繁出现于法律语言和日常生活中,表达某人具有干某事的体力或精力;但更常见

[19] 比较波洛克、梅特兰:《英国法律史》,第 31 页:“法律术语中少有——若非付之阙如的话——生来就具有专门含义者。科学家被获允许自创新词,法律家却丝毫不享有同等自由。于是,后者只得从大众语言中借来其所需要术语,并逐渐对之加以定义。有时一个词汇对法律家具有专门意义,而外行则对该词的理解有所不同且较为含糊;而有时法律界所采纳的词汇却又不复为外行所用。”[并比较该书第 33 页以及金尼尔勋爵(Lord Kinnear)在“苏格兰银行诉麦克劳德案”(*Bank of Scotland v. MacLeod*, 1914, A.C., 311, 324)中的意见。]

的是用来指称一项“法律权力”，此含义与前者迥然有别。只要稍加损益，上述分析同样适用于“自由权”这一术语。

再看合同领域，我们立即就会发现那种混淆、模糊法律问题的痼疾：由于未能在所谓的双方“协议”（agreement）中区分精神、物质事实和该事实所产生的法律上的“合同之债”，造成在具体使用“合同”这一词时难免令人一头雾水、不知所云：该术语时而表达双方的协议，时而又冷不防地转而表示法律作为协议之效果而创设的合同之债。

其实，哈里斯法官（J. Harris）在“艾科克诉马林案”（*Aycock v. Marin*，1867，37 Ga.，124，128 and 143）中已令人信服地明确区别了双方协议与法律上的债（即既得的与可期待的法律权利、特权、权利与豁免之集合体）：

> 因此债并非合同本身，[19a]也不包含在合同之中，更不能以合同或类似的术语加以表述……当订立合同之际，有拘束力的现行法（不论其内容如何）皆立即（*eo instanti*）随受要约人之承诺而将一项债务加诸后者之身……故“合同”一语仅指双方之协议。而债则是法律的造物，当合同订立之际，现行法便拘束所承诺之行为。换言之，不是合同产生了债，而是

19a　汉德法官（J. Hand）在“霍奇基斯诉国家城市银行案”（*Hotchkiss v. National City Bank*，1911，200 Fed.，287）中认为：“合同便是法律以其强制力对缔约双方之特定行为产生的债，而此行为多属伴随并表达其意思之言语。”比较鲍德温法官（J. Baldwin）在“麦克拉肯诉霍华德案”（*McCracken v. Howard*，1844，2 How.，608，612）中的意见。

社会造就了债。

此类模棱两可的术语，下文还将继续举例说明。

构成性事实与证明性事实 32

为了下文论述方便，必须在此先强调事物自身固有属性中的另一重要区别。与特定法律行为(jural transaction)有关的重要事实，要么属构成性(*operative*)事实，要么属证明性(*evidential*)事实。构成性、建构性(constitutive)、原因性(casual)或处分性(dispositive)事实，乃是依有效的一般法律规则足以改变法律关系者。即要么创设新关系，要么消灭旧关系，要么同时起到上述两种作用之事实。[20] 譬如，在某甲与某乙的合同之债的形成中，

---

20 比较首席大法官沃尔多(C. J. Waldo)在“怀特诉穆托诺马公司案”(*White v. Multonomah Co.*, 1886, 13 Ore., 317, 323)中的意见：“霍姆斯大法官将‘权利’定义为系于某些事实的法律后果(《普通法》，第 214 页)。以权利为其法律后果之事实构成中的每一事实皆关乎该权利的实质内容。”

我之所以选择“构成性”一词，则是受到塞耶(James Bradley Thayer) 的《证据法初论》(*Preliminary Treatise on Evidence*, 1898)中下述观点之启发：“另一值得注意的区别在于下述两类文书之间：一类文书自身构成某个合同、事实或行为，而另一类则仅说明和证实自身之外的某种有效和具有构成性的、独立于文书之物存在。”(第 393 页)

另比较霍兰(Thomas Erskine Holland)：《法理学要义》(*Elements of Jurisprudence*, 10th edn., 1906)，第 151 页：“产生权利的事实长久以来一直被描述为资格(title)；但描述引起权利变更之事实的词汇，就没有那么脍炙人口了；至于表述引起权利消灭之事实的概念，则更是付之阙如。因此，边沁发明了一个新的术语，它虽未成为日常语言，却对科学研究颇有裨益。边沁将上述事实统称为‘处分性’(Dispositive)事实，并对其做了区分：产生权利的‘授权性’(Investitive)事实，消灭权利的‘剥夺性’(Devastative)事实以及变更权利的‘改变性’(Translative fact)事实。”

此类事实有时也被称作“根本性”(ultimate)事实，但该术语似乎不如“构成性”或“建构性”那么明确和可用。

肯定的(*affirmative*)构成性事实主要有：合同双方皆属人类且其生命皆已存续一定时间(即已“成年”)，某甲发出“要约”且某乙做出“承诺”，诸如此类。有时还需考虑否定的(*negative*)构成性事实(在某种观点看来便是如此)。譬如，某甲未故意就有关重要事项对某乙做虚假陈述，以及某甲尚未“撤回”其要约等事实，就是上述构成性事实作为一个整体所不可或缺的组成部分。

下面再举一个侵权法领域中的例子。若某甲攻击某乙并置后者于遭受身体伤害的恐惧之中，上述事实立即产生了某乙自卫的
33 特权(privilege)，即用足够强大的力量击退某甲；相应地，某乙原本负担的不得对某甲使用暴力的义务，也就因该构成性事实的出现而立即归于消灭。

顺便提一句，人们有时也用“系争事实”(facts in issue)一词表达上述含义。假如该术语像通常一样表示“诉状中作为争议之事实”，那么于此并不相宜。诉状所主张的构成性事实多少具有一般性(*generic*)；若其理由充分，则只有一般性的构成性事实“系争”。然而，现实生活中的构成性事实却相当具体(*specific*)。既然如此，显然那些为最关键的真实、具体事实相对而言就很少会被诉状作为系争事实。那么在侵权案件之中，若某甲声称因某乙的疏忽而被后者的狗咬伤，则其所称之事实便是一般性事实，至于咬伤某甲的狗叫作小黑还是小花，皆属无关紧要。因此，即使假设咬伤某甲的是小黑(而非小花)，也不能称此具体事实为诉状系争事实。同理且更为明显的是，在涉及所谓过失的普通诉讼中，辩护往

往尤其具有一般性,[21]所以就被告因侵权所生之债而言,诸多可能的事实构成之一就足以对抗原告的请求。因此,不能称上述可能之一为诉状中的系争事实。就此而言,此术语通常的用法就错在将某一案件中存在的**具体**构成性事实仅当作诉状所主张的**一般**(或"根本")构成性事实之"证据"。[22]

证明性事实则是这样一种事实:其一经认定,便可为推断其他 34
事实提供(非结论性的)逻辑根据。后者既可为构成性事实,也可能为间接的证明性事实。在所有需要法院认定的事实中,构成性事实自然最为重要;而证明性事实则对前者起辅助作用。[23] 一般

---

21 但比较:*Illinois Steel Co. v. Ostrowski*(1902),194 Ill.,376,384.该案被告恰当地主张一般而非特殊的构成性事实,这是更可取的抗辩形式。[另参见:*Nagel v. United Rys. Co.*(1913),169 Mo. App.,284;152 S.W.,621;*Erdman v. United Rys. Co.*(1913),173 Mo. App.,98;155 S.W.,1081;*Isreal v. United Rys. Co.*(1913),172 Mo. App.,656;155 S.W.,1092.]

决定究竟必须主张一般还是具体——以及若是后者,应具体到何种程度——的抗辩规则,也像其他法律规则一样,是基于政策和便利的考虑。构成欺诈之事实,往往要求以比较具体的形式提出;而在以虐待为由提起的离婚诉讼中,对虐待的要求也是如此。上述规则皆具有鲜明的政策性。[对于主张具体欺诈事实的有益的解释,参见:*Mair v. Rio Grande Rubber Estates, Lim.*(1913) A.C.,853,863,864。]

22 比较:*McCaughey v. Schuette*(1897),117 Cal.,223.尽管我并不反对该案的判决,但将诉状所主张的具体事实称作"证据"(evidentiary)事实却难免失之粗疏且有误导之嫌。

当然,本应主张一般或具体的构成性事实,实际上所主张的却根本是证明性事实,这种致命错误也并非罕见。参见:*Rogers v. Milwaukee*,13 Wis.,610;并比较前引:*Illinois Steel Co. v. Ostrowski*.

23 依法,构成性事实与证明性事实皆须以下述四种方式之一或若干加以认定:(1)无争议之事实须经司法承认(judicial admission);(2)周知或易知之事实须经司法认知或了解(judicial notice or knowledge);(3)可感知之事实视同"实物证据"(real evidence),须诉诸司法直觉(judicial perception);(4)其他事实须经司法推理(judicial inference),即从已通过上述四种方式之一或若干认定之事实出发进行推理而认定。

说来,不太可能将证明性事实与构成性事实混为一谈。但有一种情形却常常导致这种错误。设甲、乙二人于去年1月订立书面合同,从而产生了一项合同之债。现在双方陷入诉讼,此合同文本被提交法院审查。不求甚解者会说,此案中产生原始之债的那部分构成性事实被直接摆在法官面前。其实只要稍加思量,便会发现并非如此。就其构成性的效果而言,该文书在去年1月一经送达,就立刻以其所存在之形态完成了使命。因此,若该文本被不经改动地提交审查,则其对所主张之协议这一事实而言仅具证明性。换言之,这张"纸"现在的存在形态及其特定内容,与那些能够证明其未经改动的事实,一并证明了去年1月的各种构成性事实:那时便有这样一张"纸",且其内容与现在相同,这张"纸"由某甲送达某乙,诸如此类。

在此还需指出的是,在许多情形下我们为图方便而用一个术语表达各种(一般的)事实构成。尽管这些事实构成的具体"成分"(ingredients)大相径庭,但被认为具有相同的法律效果。若要细
35 分,"占有"(possession)一词便属于上述情形,"能力"(capacity)、"住所"(domicile)等术语也是如此。但这些词汇也不能幸免于混淆法律因素和非法律因素的老毛病,因此其最常见的用法仍是暧昧不明地表达因之而生的那些法律关系。[24]

---

[24] 相关的例子参见韦斯特伯里勋爵(Lord Westbury)在"贝尔诉肯尼迪案"(*Bell v. Kennedy*, 1868, L. R. 1 H. L. sec. 307)中的意见:"因此,住所系一法律上的观念,其所表达的是法律在个人和特定位置或地区之间创设的关系。"[比较法维尔法官(J. Farwell)在"约翰逊案"(*In re Johnson*, 1903, 1 Ch., 821, 824-825)中的意见。]

肖首席大法官(C. J. Shaw)在"阿宾顿诉北布里奇沃特案"(*Abington v. North Bridgewater*, 1840, 23 Pick., 170)中的表述更加准确:"住所这一事实对个人往往至关重要;它决定此人的公私权利及特权、义务与债……"

诸基本法律关系之比较

下面这种公开或默认的臆断往往是清晰理解、透彻表述以及正确解决法律问题的最大障碍之一：一切法律关系皆可化约为(reduced to)为“权利”与“义务”，此类范畴甚至足以胜任分析诸如信托、先买权(options)、第三方担保(escrows)、“未来”利益及法人利益之类最为复杂的法律利益。纵然难点仅在于术语的贫乏与含糊，也须充分认识其严重性并努力加以改善；因为对任何严密的推理而言——不论是法律问题还是非法律问题——变色龙般的(chameleon-hued)词语在思维和表达上都极其有害。[25] 然而令人 36

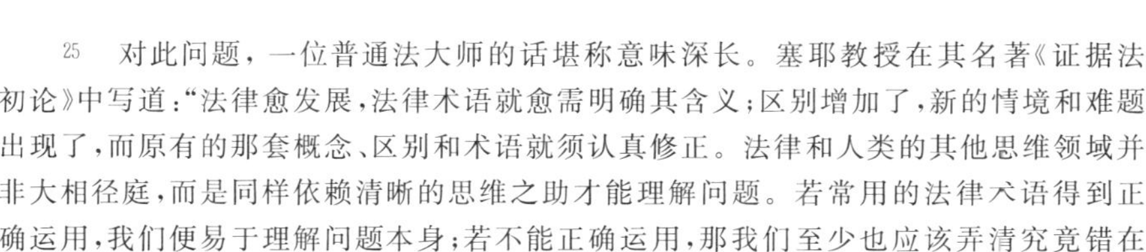

[25] 对此问题，一位普通法大师的话堪称意味深长。塞耶教授在其名著《证据法初论》中写道：“法律愈发展，法律术语就愈需明确其含义；区别增加了，新的情境和难题出现了，而原有的那套概念、区别和术语就须认真修正。法律和人类的其他思维领域并非大相径庭，而是同样依赖清晰的思维之助才能理解问题。若常用的法律术语得到正确运用，我们便易于理解问题本身；若不能正确运用，那我们至少也应该弄清究竟错在何处。”

或许在塞耶对证据法做出的巨大贡献中，最值得称道的便是：他始终坚信必须澄清我们的法律术语，并对那些向来被混为一谈的概念和术语做出仔细的区别(参见该书第ⅶ、183、189—190、278、306、351、355、390—393页)。学习证据法的学生们当对上述区别的重大影响深有心得。

近期相似的观点，参见格雷：《法律的性质与渊源》(*Nature and Sources of the Law*, 1909)：“法科学生常困惑于下述想法：与之打交道的是词而非物，他只是忙于应付词语游戏中筹码的形状与大小。但当他充分意识到这些词汇何以直到今天仍如金钱一般通行无碍——无论贤与不肖皆用之不疑——他当会感到这项工作只要做好，便自有其意义可言。”(序言，第ⅶ页)

当代最伟大的法学家、霍姆斯大法官对上述问题的看法也同样重要且发人深省。在“海德诉合众国案”(*Hyde v. United States*, 1911, 225 U.S., 347, 391)中，这位博学的法官恰当地指出：“法律的不幸之一在于，观念因被包裹在术语之中而长期得不到进一步的分析。”

遗憾的是，术语的贫乏与含糊往往反映了相关概念的欠缺与混乱。通过下文的分析，对此应可见一斑。

严格的基本法律关系毕竟自成一体（*sui generis*）。因此，试图对其进行形式化的定义纵然并非徒劳无功，但也总难令人称心。那么最得体的办法或许是先把各种法律关系纳入下述反映“相反”（opposites）和“相关”（correlatives）关系的图表，再举例说明诸关系在个案中的分野及应用。下文便尝试循此法而行：

法律上的相反关系	权利	特权	权力	豁免
	无权利	义务	无权力	责任
法律上的相关关系	权利	特权	权力	豁免
	义务	无权利	责任	无权力

权利与义务。上文已经暗示，“权利”这一术语易被不加区别地用以涵盖案件中的特权、权力或豁免，而非表达最严格意义上之权利；官方偶尔也意识到上述用法的不严谨。斯特朗大法官（Justice Strong）在“人民诉狄克曼案”（*People v. Dikeman*）中

另参见菲尔德法官（Field）在“摩根诉路易斯安那州案”（*Morgan v. Louisiana*，1876，93 U.S.，217，223）以及佩卡姆法官（J. Peckham）在“凤凰城保险公司诉田纳西州案”（*Phoenix Ins. Co. v. Tennessee*，1895，161 U.S.，174，177，178）中的意见。

[“术语的力量及其在现实中对思想的塑造以及对论战产生的历史影响，即使专治逻辑的学者，也至多是略知皮毛罢了。”参见威格摩尔（John Henry Wigmore）：《法律科学的术语》（“The Terminology of Legal Science”，28 *Havard Law Review*，1914，1-9）。另参见贝克法官（J. Beck）在“杜比克市诉伊利诺伊州铁路总公司案”（*City of Dubuque v. Ill. Central R.R.Co.*，1874，39 Ta.，56，64）中的意见。]

认为[26]:

> “权利”一词被词典编纂者定义为包含了财产、利益、权
> 力、优先权(*prerogative*)、豁免以及特权等多种含义(《初级英
> 语辞典》,“权利”词条)。而在法律上,该术语最常用来表达狭 37
> 义的财产权,但也常指权力、优先权及特权……

杰克逊大法官(Justice Jackson)在“合众国诉帕特里克案”(*United States v. Patrick*)中也发现了“权利”一词的模棱两可[27]:

> 因上下文或语境有别,“权利”或“特权”的含义当然也有所不同。词典编纂者给其所下的标准定义包括“某人对做某事的合法请求”、“法律权力”、“权限”(*authority*)、“官方给予的豁免”以及“特殊或个别权利的授予”。

斯尼德大法官(Justice Sneed)在“洛纳斯诉(田纳西)州政府案”(*Lonas v. State*)中也作如是观[28]:

> 那么,诸州皆被禁止制定或实施任何剥夺美国公民特权或豁免的法律。据说“权利”“特权”和“豁免”等词皆遭滥用,仿佛它们是同义词。其实“权利”本属一般的常见词汇,包含

---

26 (1852) 7 How. Pr., 124, 130.

27 (1893) 54 Fed. Rep., 338, 348.

28 (1871) 3 Heisk.(Tenn.), 287, 306-307.

一切可合法主张者。[29]

有趣的是，不少重要的宪法和制定法条款也试图区别这些术语；当然，它们在立法者心目中的区别到底有多精确就非我辈所能知了。[30]

38 既已承认——也必须承认——“权利”一词的用法堪称随意且不加区别，那么我们又能从日常的法律语言中发现哪些可资限定其明确、恰当含义的蛛丝马迹呢？其实，在与其相关的“义务”中就

29 司法界的相似观点参见：“艾奇逊与内布拉斯加州铁路公司诉巴蒂案”(*Atchison & Net. R. Co. v. Baty*, 1877, 6 Net., 37, 40)——“市民社会中的‘权利’一词被定义为某人在法律规定的范围内可拥有、实施或从他人处接受者”。“旧金山诉春谷供水公司案”(*San Francisco v. S. V. Water Co.*, 1874, 48 Cal., 531)——“我们将据一般法律确定该公司的权利、特权、权力、义务以及债务”。[斯莱特法官(J. Slater)也在“肖诉普罗菲特案”(*Shaw v. Proffit*, 1910, 57 Or., 192, 201; 109 Pac., 584, 587)中指出：“权利”一词包含了“财产”“利益”“权力”“优先权”“豁免”以及“特权”等多种含义。而在法律上，此术语最常用来表达狭义的财产权。]

比较吉尔伯特(Geoffrey Gilbert)：《证据》(*Evidence*, 4th edn., 1777)，第126页：“某人属于某郡、某市、某分区、某镇、某团体或某教区，这在法律上便是此人所在的镇、市之类地方的权利、特权、豁免及其他事项的证据。”

30 参见“卡恩斯诉鞋业公司案”(*Kearns v. Cordwainers' Co.*, 1859, 6 C. B.N. S., 388, 409)中对《泰晤士河保护法》(*The Thames Conservancy Act*, 1857)第20、21条的解释：“本法所授予的任何权力都不得扩展到剥夺、改变或废除现行法律所赋予任何土地所有权人的任何权利、请求权(claim)、特权、特许权(franchise)、免除(exemption)和豁免”；“费伦诉米切尔案”(*Fearon v. Mitchell*, 1872, L.R.7 Q.B., 690, 695)中的表述：“另一问题在于，本案是否应适用该法第21、22条之但书，即‘非经本人同意，不得依本条建立市场，妨碍他人享有的任何权利、权力或特权’”；《加利福尼亚州民法典》第648条第1款：“不论有无担保或其他股本，均可依本款成立建筑与贷款社，享有本款所列的所有权利、权力、特权，并适用本款的全部规定与责任”；《田纳西州宪法》(1834)第9条第7款：“立法机关无权力通过任何授予某人或某些人除……以外的权利、特权、豁免或免除的法律”。[另参见：*State v. Conlon* (1895), 65 Conn., 478, 490, 491.]

包含着宝贵的线索。因为可以肯定的是，哪怕是最随心所欲地使用“权利”一词及其所表达之概念者，也习惯于认为“义务”总与权利相关。正如“湖岸及南密歇根铁路公司诉库尔茨案”（*Lake Shore & M. S. R. Co. v. Kurtz*）中所言[31]：“义务或法律上之债务（a legal obligation）表达的是某人所当为与不当为者。‘义务’和‘权利’乃是相关术语。当权利遭侵犯时，义务也被违反。”[32]

换言之，若某甲拥有令某乙不得进入前者土地的权利，则某乙便对某甲负担不进入该处的相关（及相应）义务。如欲——似乎也理应如此——为“权利”这一术语在其狭义、本义上寻找一个同义词的话，则“请求权”（claim）最为相宜，况且后者还具有单音节词的优点。[32a]沃森勋爵（Lord Watson）在“斯塔德诉库克案”（*Studd v. Cook*）中的表述对此甚具启发意义[33]：“在动产买卖中，任何言词，一经苏格兰法承认足以产生有利于执行人之权利或请求权……在涉及苏格兰土地时，就必属有效。”

特权与无权利。正如上述图表所示，特权与义务相反而与“无

31 (1894) 10 Ind. App., 60; 37 N. E., 303, 304.

32 另参见霍尔丹子爵（Viscount Haldane）在“豪利庄园煤炭公司诉路易斯安那州和西北铁路公司案”（*Howley Park Coal, etc., Co. v.L., & N. W. Ry*, 1913, A.C., 11, 25, 27）中的意见：“邻人负有一项因相邻关系而生的义务，就此而言，该土地所有权人便拥有相关的权利”；肖勋爵（Lord Shaw）也认为：“相邻土地之双方所有权人之间互有权利与义务……非经合同明确约定，则上述权利与义务皆不得被缩减……”

比较：*Galveston, etc., Ry. Co. v. Harrigan*（1903），76 S.W.，452，453（Tex. Civ. App.）.［另参见格雷：《法律的性质与渊源》，第25节：“权利与义务相关，无权利则无义务”。］

32a 斯泰顿法官（J. Stayton）在“梅林杰诉休斯敦市案”（*Mellinger v. City of Houston*, 1887, 68 Tex., 45,3 S.W., 249, 253）中指出：“权利被恰当地定义为有依据之请求，而后者恰恰意味着法律所承认或保障的请求。”

33 (1883) 8 App. Cas., 597.

39 权利”相关。在上文所举之例中，某甲拥有令他人——某乙——不得进入其土地的权利或请求权；而某甲本人则享有进入该土地之特权。换言之，某甲不负担不进入该土地的义务。进入之特权乃是对不进入之义务的否定。此事例提示我们必须当心：称某特权不过是对义务之否定时，当然表明此义务之内容或指向恰与上述特权相反。那么，若某甲出于某种原因而与某乙约定：某甲必须进入自己的土地，则显然对某乙而言，某甲既享有进入的特权又负有进入的义务。此时特权与义务完全吻合，因为该义务与特权具有相同的内容或指向。纵然如此，对于某乙而言，也仍有理由称某甲进入该土地之特权恰是对他不进入之义务的否定。同理，若 A 某未与 B 某约定自己为后者提供某项劳务，则 A 某不提供劳务之特权，恰是对提供劳务之义务的否定。二者相较，此处义务之内容或指向又刚好与特权相反。

下面再看“相关”关系。当然，我们须臾不可忘记义务与被恰当地称作权利或请求权之法律关系始终相关。既然如此，若权利（或请求权）与特权的根本及重大区别还需要进一步证明的话，则此证明必定在于下述事实之中：与特权相关者乃是“无权利”，后者难以用现成的单一词汇表达。那么，与某甲令某乙不得进入土地之权利相关者便是某乙不进入之义务；而与某甲本人进入之特权相关者则显然是某乙的“无权利”，即后者并无令某甲不得进入之权利。

出于避免混淆的考虑，明确区分权利（或请求权）概念与特权概念固属重要；然而更重要的是，需要另觅一个术语来表述后一种

关系。毫无疑问，正如上文所指出的，“权利”常被不加区别地滥
用，甚至将实际上的特权关系也囊括在内。[34] 这种一词两义的用 40
法令使用者的思维产生混乱与模糊之情形实属屡见不鲜——甚至出现在根本意想不到之处。霍兰教授在其《法理学要义》中谈到拉丁文中的 *Ius*、德文中的 *Recht*、意大利文中的 *Dirtto* 以及法文中的 *Droit*——这些术语不仅用来表达“‘一项权利’，还指抽象意义上的法（Law）”——与生俱来且众所周知的模棱两可时，确切地指出：“若以同一术语来表达原本就大相径庭的观念，这至多会导致拙劣或明显错误的释义，倒也并无大碍。然而很不幸，人们似乎不可抗拒地从同一术语推想到其所表达的观念也是一回事。”[35]

然而蹊跷的是，就在前述引文所在的那章——“论权利”一章——中，作者就把权利、特权和权力混为一谈，尽管这位博学的作者承认“与法律权利相关者……是法律义务”，“这对术语表达的是……从相反双方之视角所看到的同一情形”。虽然对这种不加区别地使用同一术语所带来的严重问题，非得通读整章才能做出正确评价，但从下面这句话中便可知其大概了：“若……国家

[34] 此种不严谨的用法在司法审判中可谓屡见不鲜，此处仅略举几例：*Pearce v. Scotcher*（1882），L. R. 9 Q.B.，162，167；*Quinn v. Leathem*（1901），A.C.，495；*Allen v. Flood*（1898），A.C.，1；*Lindley v. Nat. Carbonic Acid Gas Co.*（1910），220 U.S.，61，75；*Smith v. Cornell Univ.*（1894）. 45 N. Y. Supp.，640，643；*Farnum v.Kern Valley Bk.*（1910），107 Pac.，568. [最极端地混淆权利与特权的例子，参见埃夫里法官（J. Avery）在“加利福尼亚州政府诉奥斯汀案”（*State v. Austin*，1894，114N.C.，855，862）中的这句话：“一项权利表达的是某人拥有或可从他人处接受什么，以及他的哪些行为受法律保护。”另参见钱奈尔法官（J. Channel）在“斯塔里诉格雷厄姆案”（*Starey v. Graham*，1899，1 Q.B.，406，411）中的表述。]

[35] 霍兰：《法理学要义》，第 83 页。

权力将保护此人如此实现自身之愿望，并将为保障此人如此实现该愿望而强迫他人作为或不作为，则此人便有如此实现其愿望的‘法律权利’。”[36]

这句话开始谈的是特权，中间说的是权利（或请求权），最后又回到了特权。[36a]

格雷教授在《法律的性质与渊源》这本有益且有趣的力作中也犯了类似的错误。在“法律权利和义务”一章中，这位特立独行的
41 作者承认权利总与义务相关，[37]然而他似乎又将前者定义为狭义的“请求权”。那么，我们的第一印象便是法律特权、权力和豁免被忽略了；而且这一印象也就意味着他在用“权利”和“义务”这对概念解释一切法律关系。尽管我因敬重作者而犹豫再三，但还是要不揣冒昧地指出，他所举的许多例子似乎皆表明，仅凭这对概念并不堪担此重任。譬如他曾写道：“吃虾仁沙拉是我的嗜好，如果我吃得起，法律就会保护此嗜好，那么吃已买单的虾仁沙拉便是我的权利，尽管我知道它总令我肚子疼。”[38]

这段话主要包含了两种关系：一是我对甲、乙、丙、丁诸人而言吃沙拉的特权，及与之相关的甲、乙、丙、丁诸人皆不得要求我不吃沙拉的“无权利”；二是我要求甲、乙、丙、丁诸人不干涉我吃沙拉这

---

[36] 霍兰：《法理学要义》，第 82 页。

[36a] 另比较霍兰：《法理学要义》，第 139 页：“花园所有人排他性享有花园的权利不是针对哪一个具体的人，而是针对除他之外的一切其他人”；以及“个人对安全与自由的权利……在童年时受到父母及祖父母惩戒与监护权利……的限制”（第 163 页）。参见该书第 185、200、316 页，以及第 200 页的注释 30。

[37] 参见格雷：《法律的性质与渊源》，第 45、184 节。

[38] 同上注，第 48 节。

一实际行为的权利(或请求权),及与之相关的甲、乙、丙、丁诸人不干预的义务。

这两类关系看上去迥然有别。在某些情形下,纵然权利不存,特权却可能仍在。若甲、乙、丙、丁皆为沙拉的主人,那么他们可对我说:"你想吃沙拉尽可以吃;我们许可你吃,但并不保证不干预你。"那么我享有特权,我若成功地吃到沙拉,并不侵犯任何人的权利;同样一目了然的是,若某甲紧紧攥住盘子使我吃不到沙拉,他也不曾侵犯我的任何权利。[39]

也许对上述事例稍加改变,更能反映出权利与特权之区别的 42
本质与重要意义。现在设我已是虾仁沙拉在法律上的所有权人,你我订立合同,约定我永远不许吃该食物,却不曾与甲、乙、丙、丁诸人订立同样的合同。那么,现在你我之间的关系就与我和某甲之关系大不相同了。对你而言,我没有吃沙拉之特权;但对某甲或

---

39 格雷教授的著作中还有一些例子值得注意。他在前引书第 53 节写道:"因此,房主有权以武力将非法入侵者从其'城堡'中逐出。若入侵者以人身伤害为由起诉,房主可请求法院驳回原告之诉请。换言之,某人的法律权利不但包括有效地请求某社会组织助其对抗他人的权力,还包括有效地请求该组织不助他人的权力。"

我要恭敬地指出,这段话似乎混淆了房主驱逐入侵者之特权(以及对方相应的无权利)和有关作者假设之诉讼的权利、特权、权力及豁免。

在第 102 节,这位博学的作者又写道:"若某法令规定,镇上的警察可以扑杀不戴项圈的狗,则警察便有杀狗的法律权利,而狗却没有戴项圈的义务。"

然而,此法令似乎仅创设了一项特权——令原本有利于狗主人的不得杀狗之义务归于消灭。

此外,这也是本段话在通常情形下的含义,它并不(除非在极端例外的情形下)要求警察同时具有请求其他所有人不得干预其杀狗行为的权利。

另参见第 145、186 节。

[比较霍姆斯:《普通法》,第 214 页:"法律权利只是对施展自然力量的容许,以及在特定条件下可赖社会强力之助获得保障、补救或赔偿;除此之外,权利什么都不是。"]

其他任何人而言，我皆有此特权。顺便指出，我令你不吃沙拉的权利，纵然在我本人吃沙拉之特权归于消灭之际也仍旧存在。[40]

基于上文所强调的原因，林德利勋爵（Lord Lindley）在“奎因诉利瑟姆案”（*Quinn v. Leathem*）[41]这一重要案件中的思路似乎也值得揣摩：

> 原告具有英国国民的一般权利。只要他未违反禁止他为某行为的那些专门法律，也不曾侵犯他人权利，此人便可自由地（*at liberty*）按自己的方式谋生。此自由权包括同乐意与其交易者进行交易之自由。该自由权乃是法律承认的权利，与每个人所负担的不得阻碍此自由不受限制地行使——除非出自后者的自由选择——的一般义务相关。除非他人想与此人交易时便能自由地与之交易，否则此人与他人交易的自由或权利就毫无意义。对他人与之交易的自由的任何干预都会影响到此人。

作为法律关系的“自由权”（或者广义上的一般“权利”），若有
43 任何确定内容的话，就一定和特权完全是一回事，[42]这当然是上引段落中前三次使用“自由权”这一术语时的本义。正如上文所指出

40 此处顺便指出，依《宪法第14修正案》，剥夺当事人此类特权的立法将引起严重的宪法问题。比较：*Lindley v. Nat. Carbonic Gas Co.*（1910），220 U.S.，61.［另参见：*Rideout v. Knox*（1889），148 Mass.，368.该案之判决肯定了限制土地所有权人“以邻为壑”之特权的立法合宪。］

41 （1901）A.C.，495，534.

42 详见下文，本书第44—50页。

的，同样清楚的是，即使不伴随对抗“第三人”某种干预的特殊权利，[43]此种听凭自愿与他人交易的特权或自由权依然可以存在。是否应伴随上述权利（或请求权），归根结底是个利害计较的问题，应根据利弊得失加以斟酌。而与特权或自由在逻辑上相关者唯有“第三人”之“无权利”。但仅从存在此类自由这一前提，却不能合逻辑地（*non sequitur*）得出“第三人”负有不干预之义务或与之相似的结论。然而，在上文所引林德利勋爵的那段话中，术语用法却突然发生毫无根据的转换：首先，正在被讨论的“自由”变成了“权利”；然后，很可能受到后者的干扰，他把与之“相关”者想象为“任何人不得干涉的一般义务”云云。[43a]

另一个有趣且发人深省的例子，恐怕要数鲍恩勋爵（Lord Bowen）在“大亨汽船公司诉麦格雷戈案”（*Mogul Steamship Co. v. McGregor*）中经常被引用的意见[44]：

> 我们在本案中所面临的问题是两项同样合法的权利表面上的冲突或矛盾：一项是原告的合法商业经营受到保护之权利，另一项则是被告只要不侵犯他人便可以选择其自认为最相宜的方式经营之权利。[44a]

---

43 比较：*Allen v. Flood* (1898), A.C., 1.

43a 关于对“自由权”与“权利”更精确的分析，参见后引凯夫（Cave）法官的意见，本书第 47—48 页。

44 (1889) 23 Q. B. D., 59.

44a 相似（但不完全相同）的用法，比较霍姆斯大法官在“波士顿卡套公司诉希尔斯案”（*Boston Ferrule Co. v. Hills*, 1893, 159 Mass., 147. 149-150）中所用的“冲突的权利”一语。

诚如这位博学的法官所言，冲突与矛盾只是表面的，但由于他在引文中所用“权利”这一术语时含义极不确定且不断变化，反而把问题搞复杂了。将这段话作为一个整体来解释，事情就一目了然了：与被告相关的“原告之权利”指的当然是严格意义上的法律权利或请求权，而与原告相关的“被告之权利”，指的则是法律特权。既然如此，引文开头提到的“两项权利”便分属请求权和特权，两者根本不可能相互冲突。若被告有特权，则原告
44 “无权利”；反之，若原告有权利，被告便无特权（no-privilege，等于方向相反之义务）。[45]

---

[45] 类似混淆基本概念并变换术语用法的案例可谓数不胜数，纵然所涉及之问题需要精细的推理时也依然如故。此处仅择其要者略举几例。霍金斯法官（J. Hawkins）在前引“艾伦诉弗勒德案”（*Allen v. Flood*，1898，A.C.，1，16）中写道：“我知道，有人会问，‘原告已受侵的法律权利是什么？’我的回答则是，是那种永不可忽视的权利。正如我已说过的，即自由地从事其合法事业之权利。”霍尔斯伯里勋爵（Lord Halsbury）也对此案评论道：“在上述条件下挖掘他自己的土地，不需要任何理由和借口。他可能纯属心血来潮，但是他在自己土地上的权利却不受限制，只要其无碍他人之权利。”（第84页）阿什伯恩勋爵（Lord Ashbourne）也写道：“我以为，原告有从事其合法事业的明确权利……在我看来，若允许故意侵犯该权利者在无合法依据或正当理由的情况下不受追究，则法律将很难令人满意。”（第112页）另参见：*Quinn v. Leathem*（1901），A.C.，495，533；*Lindsley v. Natural Carbonic Gas Co.*（1910），220 U.S.，61，74；帕克法官（J. Parker）在“罗伯逊诉罗切斯特折叠盒公司案”（1902，171 N.Y.，538）中认为：“所谓隐私权，正如其字面含义所暗示的，乃基于下述主张。即若某人乐意的话，他便有权利终其一生而不公开其面貌。”（第544页）；*Wabash，St. L. & P. R. Co. v. Shacklet*（1883），105 Ill.，364，389。［帕克在“司法部长诉阿德莱德汽船公司案”（*Attorney General v. Adelaide Steamship Co.*，1913，A.C.，781，793）中还误以为义务与特权相关，他写道：“依普通法，每一社会成员皆可随心所欲地从事任何他以为相宜的行当或营生。就此而言，每一权利也就意味着不得合法干涉他人自由经营的义务，除非此种干涉具有正当的原因或借口。”］

“珀迪诉（佛罗里达）州政府案”（*Purdy v. State*，1901，43 Fla.，538，540）则采用了一个极罕见的表述，即“特权的权利”（right of privilege）。

那么，要表达对义务的单纯否定，“特权”便是最恰当也最令人满意的术语。然则根据何在？

迈科迪（Ferdinand Mackeldey）在《罗马法手册》中写道[46]：

> 实在法要么表现为法条中的一般原则……要么出于特殊原因而做出了有别于一般原则的规定。前者为一般法（*jus commune*），后者则为特别法（*jus singulare s. exorbitans*）。特别法有利有弊，这取决于其……扩张还是限制了一般法所涉及者的权利。有利的特别法及其所设定之权利……在罗马法上被称为法益（beneficium juris）或特权（privilegium）……[47]

先是特别法，然后则联想到是此法授予的特别利益。既然早有此制，那么英语中的“特权”一词甚至时至今日还总是被用来表述某人或某阶层的特殊法益（不论是权利、特权、权力还是豁免）也就不足为奇了。[48] 不少司法判决也的确将其作为该术语 45

46　迈科迪：《罗马法手册》（*Handbook of Roman Law*，trans. Dropsie，1883），第196—197节。

47　索姆（Rudolph Sohm）在《法学阶梯》（*Institute*，trans. Ledlie，3rd edn.，1907）中也曾涉及此问题，但并不明确（第28页）。另参见：*Rector，etc.，of Christ Church v. Philadelphia*（1860），24 How.，300，301，302.

48　“特权”这一术语过去通常用以表示“特许权”（franchise），后者则是各类具体权利、特权、权力或豁免的大杂烩。因此，《古法律词汇》（*Termes de la Ley*）这本古书对特权是如此定义的：“‘特权’乃是通过国王特许状、专利证书或议会法案授予某机构、地方、市镇或采邑的自由权和特许权，即征收厘金权（toll）、惩治佃户权（sake）、地方司法权（socke）、审寇权（infangstheefe）、捕盗权（outfangstheefe）、巡回审判权（turne）及采矿权（delfe），诸如此类。”

比较韦斯特伯里勋爵在“布莱兹诉希格斯案”（*Blades v. Higgs*，1865，11 H.L. Cas.，621，631）中的意见：“特许狩猎权（property *ratione privilegii*）是某人依古代君王之特许而在他人的土地上捕获野生动物的权利；同样，凭此特权获得之猎物也就成了特许权人的绝对财产。”

的含义之一。[49] 在非专业的日常语言中，“特权”的含义则更为宽泛：人们常使用“**特别**特权”（*special* privilege）一词以区别于普通或一般特权。非但如此，该术语在日常中最主要的含义似乎是**对义务的否定**。这种用法显见于人们经常说的那个短句之中：“那是你的特权”——其含义当然是“你没有义务去做相反的事。”

既然如此，那么在大量查阅司法判例后发现该术语的专业含义同样是对**法律义务**否定也就不足为奇了。[50] 举两个常见的例
46 子，即诽谤法中的“保密对话”（privileged communications）和证据法中的“不自证其罪之特权”（privileges against selfcrimination）。前者的大意是，若存在特定事实构成，便有特权；否则特权便不被承认。[51] 当然同样清楚的是，即便上述所有事实皆存在，但在所谓“附条件特权”（conditional privilege）的案件中，若有恶意，便会使本应存在的特权荡然无存。更加清楚的是，凡特权存在时，其与特

---

49 参见亨特法官（J. Hunt）在“汉弗莱诉佩格斯案”（*Humphrey v. Pegues*, 1872, 16 Wall., 244, 247）中的意见：“前公司的全部‘特权’、权力及权利都授予后者。我们难以想象有比永久免税权更重要和更广泛的特权。特权观念包含了特别的利益或好处，即对他人负担的特别免除。”

另参见：*Smith v. Floyd*（1893），140 N.Y.，337，342；*Lonas v. State*（1871）3 Heisk.，287，306，307；*Territory v. Stocks*（1881），2 N.M.，161，169，170；*Ripley v. Knight*（1878），123 Mass.，515，519；*Dike v. State*（1888），38 Minn.，366；Re Miller（1893），1 Q.B.，327.

比较：*Wisener v.Burrel*（1911），28 Okla.，546.

50 比较：*Louisville & N.R. Co. v. Gaines*（1880），3 Fed.Rep.，266，278.“帕斯卡尔（Rene Paschal）说，特权是某人或某阶层的特殊权利；**确切地说**，是对某种**义务**的**免除**。”

51 关于“特权”和“有特权的”这两个术语在诽谤问题上的恰当用法，参见霍金斯法官在前引“艾伦诉弗勒德案”（1898，A.C.，1，20-21）中的意见。

别法或特殊主体的特别利益都毫无关联。依一般法,任何人在同等情形下皆有同样的特权。是以证据法上不自证其罪之特权表达的仅是对证明义务——在通常情况下证人所负之义务——之否定;显然此特权只能产生于一般法。[52]

如前所述,"特权"这一概念及术语在诽谤法和证据法中皆有鲜明的例证,但作为法言法语,它具有更广泛的意义和用途。为了讲清楚这一点,我们先来看一些鱼龙混杂的司法判例。在柯克记载的于 1583 年判决的"道曼案"(*Dowman*)中,[53]法院将该术语应用于出租房屋损毁(waste)案:

> 对所谓免于出租房屋损毁之诉(impeachment of waste)的特权须经租赁合同约定之类的反对意见,兹决议如下:若承认在此情形仍需承租合同加以约定的话,则毫无疑问,所有规 47
> 定租期之房屋皆会受益,但不得不承认,涉及上述特权之条款当属无效。

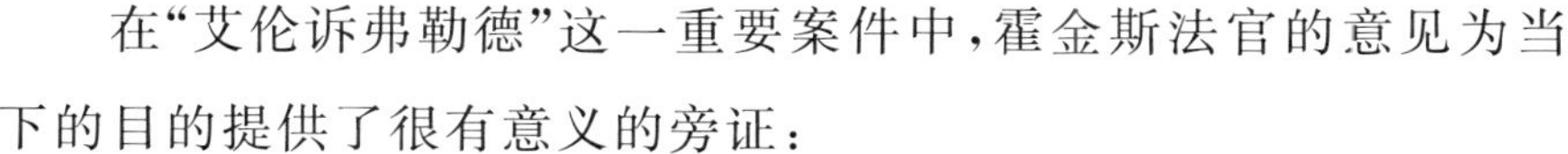

在"艾伦诉弗勒德"这一重要案件中,霍金斯法官的意见为当下的目的提供了很有意义的旁证:

---

[52] 对于一般作证义务,若仅因畏惧可能或实际涉嫌蔑视法庭,一般还是要履行;除此之外,不履行作证义务则可能会导致遭受制定法为保护受害的诉讼当事人而设的处罚,或在有实际损害的情况下引起普通法上的起诉。

证人问题通常被认为属于所谓程序法的分支,与所谓的实体法相区别。但正如我在《衡平法与普通法的关系》一文中所强调的,实体法关系与程序法关系并无内在或本质的区别(第 537、554、556、569 页)。本文续篇将对此进行更详细的分析。

[53] 《柯克判例集》(*Coke's Reports*, 1583),第九卷,第 1 页。

> 我们出于合理且可能的原因真诚地认为，以刑法惩罚有罪之人乃是维护公义的需要，对此种公义之利益……人人皆有特权……然而，千万不可设想，检察官心中怀有的敌意和恶念必将毁灭此特权，因为此敌意与恶念皆有其天然与可悯的存在理由……[54]

缅因州最高法院的福斯特大法官（Justice Foster）在“普利策诉利文斯顿案”（*Pulitzer v. Livingston*）中将“特权”这一术语应用于财产问题，他写道：

> 若说有任何悬而未决的资格、财产或权力，其存在、运作或行使的时间超过人的寿命，再加上 21 年及此后一段时间，而这种完全地、不受限制地享用一项财产以及附属于所有权的全部权利、特权及权力应受到限制或阻止的话，这肯定有悖于法律政策。[55]

最后一个有关的例子是奥尔德森男爵（Baron Alderson）在“希尔顿诉埃克利案”（*Hilton v. Eckerley*）中的判词[56]：

> 不言自明，自由国家中的商人在所有不违法的事项上皆

54 (1898) A. C., 1, 19.

55 (1896) 89 Me., 359.

56 (1856) 6 E. & B., 47, 74.

有特权依自身之判断和选择决定如何行事。[57]

与法律“特权”最接近的同义词或许是法律“自由权”或法律“自由”(legal “Liberty” or legal “freedom”)。[57a]凯夫大法官在前引“艾伦诉弗勒德案”中明察秋毫且发人深省的意见对此做出了充分的说明：

> 我们最耳熟能详的人身权利(personal rights)包括： 48
> (1)名誉权。(2)身体安全和自由权(Rights of bodily safety and freedom)。(3)财产权；换言之，即有关心灵、肉体及财产之权利……[58]

在下面的评述中，我将尽可能在前述意义上使用“权利”一词。

我之所以必须坚持这一点，也是由于在本庭的辩论中，该

57 关于正确使用此术语的其他例子，参见：*Borland v. Boston* (1882), 132 Mass., 89(“城市的权利、特权、权力或义务”)；*Hamilton v. Graham* (1871), L. R. 2 H. L. (Sc.), 167, 169，尤其是海瑟雷法官(J. Hatherley)的意见；*Jones v. De Moss* (1911), 151 Ia., 112, 117；*Kripp v. Curtis* (1886), 71 Cal., 62, 63；*Lamer v. Booth* (1874), 50 Miss., 411, 413；*Weller v. Brown* (1911), Cal., 117 Pac., 517；*Mathews v. People* (1903), 202 Ill., 389, 401；*Abington v. North Bridgewater* (1840), 23 Pick., 170。[*Huntley v. Gaskell* (1906) A.C., 56, 57(“权利、特权与豁免”)；*Aikens v. Wisconsin* (1904), 195 U.S., 194, 206(霍姆斯大法官认为：“没有哪个行为在任何情形下皆属特权，至多仅是在某些情况下如此。”)]

57a 比较“言论自由”(Freedom of Speech)这一表述。

58 (1898) A.C., 1, 29.

词被频繁地在更宽泛和更不确定的意义上使用。譬如，称个人完全有开枪之权利，真正的意思其实是，只要开枪时不妨碍或侵犯任何其他人之权利，他便有开枪之自由或自由权。这与权利大相径庭。而对权利的侵犯或妨碍可借法律程序加以救济或制止。[59]

59　之所以征引凯夫大法官的意见，是受到萨尔蒙德《法理学》的启发。这位博学的作者在引用该案和“斯塔里诉格雷厄姆案”(1899，1 Q.B.，406，411)时，特意用“自由权”来表达与“义务”相反者，而且他显然忽视了特权在此的重要性。蹊跷的是，他在《侵权法》中讨论诽谤法时并未明确指出书中“特权”仅仅指自由权或“无义务”。

波洛克的《法理学》实际上似乎并不承认法律自由权体现任何此种真实的法律关系。于是，他尤其强调：“在不被禁止这种通常的和基本的意义上，某行为可能是正当的(right)，但自由却不具有法律权利之性质，除非我们考虑遭受未经授权之干预的风险。不干预邻人的合法自由乃是我们所有人的义务。这就把所谓的原始权利纳入了法律调整和保护的领域中。有时人们会认为，合法权力或自由权与不受干预之权利有所不同，但依前述理由，此观点尽管看似有理，却并不正确。”(第 62 页) 比较氏著：《法学与伦理学论文集》(*Essays in Jurisprudence & Ethics*，1882)，第一章。

然而，我却对下述问题百思不得其解：何以在甲乙二人之间的“特权-无权利”关系就不能像与之相反的任意两人之间的“权利-义务”关系一般作为其一种真正的法律关系呢？也许只把前者视为法律关系的习惯，多少出于“法律由‘命令’(commands)或命令性规则构成”这一传统观点。然而这却是错误的。许可某行为的法律规则与禁止某行为的法律规则同样是真正的法律。同理，称法律许可某甲对某乙为某行为，也如法律禁止某甲对某乙为某行为一般在二人之间产生了一个真正的法律关系。前一行为通常被称为“合法”行为，而后一类则被称为“不法”行为——这其实在一定程度上承认了前者在法律上的性质。比较：*Thomas v. Scorrell*(1673)，Vaughan，331，351.

虽然在司法判决[60]和在财产转让文件[61]中恰当使用“自由权”这一术语的例子可谓不胜枚举，但其绝非如“特权”一般普及且含 49

60 比较：*Dow v. Newborough*（1728），Comyns，242.（“用益只是获利之自由权，但两用益不能分别从同一土地获利，所以用益之上不能复有用益。”需要注意的是，该案例和下引案例中，与自由权或特权还并存着权力和权利等法律关系。譬如，取得不动产孳息的权力）。埃伦伯勒法官（J. Ellenborough）在“伯恩诉泰勒案”（*Bourne v. Taylor*，1808，10 East.，189）中认为：“第二个问题在于，原告之答辩能否否定采矿之自由权……‘自由权’一词也具有同样的含义。其在有限程度上意味着对他人土地行使之特权”；林德利勋爵在“威克姆诉霍克案”（*Wickham v. Hawker*，1840，7 M. & W.，63，78-79）中的意见；怀特法官（J. White）在“奎因诉利瑟姆案”（1901，A.C.，495，534）中的意见；“波洛克诉农民贷款信托公司案”（*Pollock v. Farmers' Loan & Trust Co.*，1895，157 U.S.，429，652）中所说的“权利与自由权”；马格鲁德法官在“马修斯诉人民案”（*Mathews v. People*，1903，202，Ill.，389，401）中认为：“现在可以确定，订立合同之特权既是一种自由权，也是一项财产权利。”[休斯法官（J. Hughes）在“费里斯诉弗罗曼案”（*Ferris v. Frohman*，1911，223 U.S.，424，432）中称“赋予作者出版其作品的专有自由权”；佩卡姆法官在“奥尔基耶诉路易斯安那州案”（*Allgeyer v. Louisana*，1897，165 U.S.，578，592）中所使用的“必须具有为此行为之自由权”等语；大法官霍姆斯在“艾肯斯诉威斯康星州案”（*Aikens v. Wisconsin*，1904，195 U.S.，194，205）中认为：“不可能承认《第 14 修正案》保护的权利中包括……造成此种损害的自由权。”]

关于该术语在立法中的使用，参见《安娜女王法》[即版权法（*The Copyright Act*，8 Anne，1709）]第 19 条：“在……期间独享印刷该书的权利和自由权……”

“自由权”这一术语有时也像“特权”一样被用来表达特许权或其他权利、特权、权力或豁免权的集合体。在诺伊（William Noy）的《论英国法的主要基础与格言》（*Treatise of the principal Grounds and Maxims of the Law of England*，1641）中有这样一个定义：“自由权是臣民手中的王室特权。”同样，布莱克斯通在《英国法释义》第二卷中写道：“特许权和自由权是同义词；其定义是，存在于臣民手中的一项王室特权或君权的分支。”（第 37 页）

该定义在下述案件中曾被引用：*S. F. Waterworks v. Schottler*（1882），62 Cal. 69，106；*Central R.& Banking Co. v. State*（1875），54 Ga.，401，409. 并比较：*Rex v. Halifax.& Co.*（1891），2 Q.B.，263.

61 比较：*Pond v. Bates*（1865），34 L. J.（N. S.），406——“拥有投资、盈利和经营的充分权力与不受限制的自由权，拥有一切必要和相宜的自由权、特权之属”；*Hamiton v. Graham*（1871），L. R. 2 H. L.（Sc.），166，167；*Attersoll v. Stevens*（1808），1 Taunt.，183；*Wickham v. Hawker*（1840），7 M. & W.，63，78-79。

义确定。前者更多地在身体或人身自由(即身体不受约束)之意义上应用而有别于法律关系;且往往具有一般政治自由权的意味而不同于两人之间的特定关系。除此之外,“特权”这一术语还有另一优点:为我们提供了一个变型——形容词“特权(的)”(privileged)。如此一来,我们便能够毫不费力地表达特权行为(privileged act)、特权交易(privileged transaction)及特权转让(privileged conveyance)等概念。

“许可”(license)这一术语,有时似乎也被当作“特权”的同
50 义词使用。这在严格意义上并不恰当。这是将精神与物质事实与其所创设的法律关系混为一谈的无数例子中的又一个。[61a]确切地说,“许可”是个一般词汇,其表达创设某具体特权所必须的一系列构成性事实。当这个词被用在“批准与许可”(leave and license)这一日常短语中时,上述性质表现得尤其明显。这是由亚当斯大法官(Justice Adams)在“克利福德诉奥尼尔案”(*Clifford v. O'Neill*)中所指出的[62]:“许可(license)只是容许(*permission*)为某行为,否则此行为便属于不法侵害……不论某人持续地享有这一被授予的特权多久,该特权都不会因此成长为对土地的实际

61a　参见卢顿法官(J. Lurton)在“欧文斯伯勒市诉坎伯兰电话公司案”(*City of Owensboro v. Cumberland Telephone, etc., Co.*, 1913, 230 U.S., 58, 64; 33 Sup.Ct., 988, 990)中的意见:“显然该法令所授予的权利不只是许可。‘许可’一般被定义为暂时在许可人的土地上实施行为的个人特权;且依有关部门之规定,许可得依许可人的意思随时取消,除非在许可时对其存续期限预先做出约定。”

62　(1896) 12 App.Div., 17; 42 N.Y.Sup., 607, 609.

利益。”[63]

权力与责任。前述法律关系的图表业已表明,法律权力(当然有别于精神或物质力量)与无权力(disability)相反而与法律责任(legal liability)相关。但此法律权力的本质何在?能否对这一法律语言中常用的重要术语所表达之概念进行分析?过分繁琐的分析恐遭华而不实之讥,因此下文不过是提供一个足以应付实践问题的大致解说而已。

现有法律关系的变更可能是由于:(1)嗣后发生的某人(或某些人)之意志所不能支配的某一事实或某些事实;或(2)嗣后发生的某人(或某些人)之意志所能支配的某一事实或某些事实。在后 51
一种情况下,便可称其意志居于首要支配地位的那个人(或那些人)握有改变此法律关系的(法律)权力。

现在需深入分析后一种情形,即专门意义上的权力。一般说来,与其最接近的同义词似乎是(法律)“能力”(ability),[64]后者显系“无权力”(inability or disability)的反义词。“权利”这一术语却

---

63 相似的例子参见“托马斯诉斯科雷尔案”(*Thomas v. Scorrell*, 1673, Vaughan, 331, 352)中常被引用的观点:“特许(dispensation)或许可未移转任何利益,也不曾改变和转让对任何物的财产权,只不过令一个原本不法的行为合法化;不论许可出海、许可在他人庄园狩猎还是许可进入他人住宅,都仅是行为而已,非经许可则属不法。”

并比较:*Taylor v. Waters*(1817), 7 Taunt., 374, 384——“那些案例充分证明,对自土地获利之特权的许可是可授予的,其无碍欺诈法,也不须书面形式。”在该案中,许可(构成性事实)和特权(前者所创设的法律关系)或多或少地被混淆了;*Heap v. Hartley* (1889), 42 Ch.D., 461, 470。

[另参见霍菲尔德的《地役权与许可案件中的错误分析》一文。——编者]

64 比较德菲法官(J. Durfee)在“雷明顿诉帕金斯案”(*Remington v. Parkins*, 1873, 10 R.I., 550, 553)中的意见:“权力即为某行为之能力(ability)。”

被过于频繁和不严谨地用以表达上述含义，这实属不幸，至于导致思维混乱和表达含糊更是司空见惯。[65] “资格”(capacity)一词同样与此不相宜，因为我们已知晓，若对术语严加区分，则“资格”所表达的乃是某种事实构成而非任何法律关系。

法律权力的例子可谓俯拾即是。譬如，设某甲是以“有体物”为对象的普通个人财产所有权人，他便有权力通过被称作“抛弃”(abandonment)的事实构成，消灭自身之法律利益（权利、权力、豁免之属），同时相应地为他人创设有关被抛弃物的特权和权力，诸如通过占有而取得该物所有权的权力。[66] 同理，某甲也有权力将其利益让与某乙，即消灭自身之利益而为某乙创设一
52 个新的相应利益。[67] 某甲还有创设各种合同之债的权力。代理同

---

65 参见：*People v. Dikeman*（1852），7 Howard Pr.，124，130；*Lonas v. State*（1871），3 Heisk.（Tenn.），287，306-307；另参见：*Mabre v. Whittaker*（1906），10 Wash.，656，663. 1871 年，华盛顿州的立法对夫妻共同财产有如下规定：“男方管理全部共同财产，但非经女方同意，则无出售该不动产或令该不动产负债之权利……”斯科特法官(J. Scott)指出，本案中“‘权利’表权力之义”。并比较：*St. Joseph Fire & Marine Ins Co. v. Hanck*（1876），63 Mo.，112，118.此外，还可举出无数以“权利”之名行权力之实的例子，其表达的皆非请求权意义上之权利。

66 需要注意的是，抛弃也令某甲和其他任何人一样具有了完全相同的特权和权力。

67 比较科姆斯托克法官在“怀恩哈默诉人民案”（1856，13 N.Y.，378，396）中的意见：“我无法想象不包括社会与法律所赋予的基本特征与属性的财产……这些特征中最重要的是，占有人或所有权人排他性使用某物或以之为收益之权利，以及出售和处分该物的不受限制之权力”；菲尔德法官在“巴特迈耶诉艾奥瓦州案”（*Bartemeyer v. Iowa*，1873，18 Wall，129，137）中的意见：“对某物的财产权利包括出售、处分以及使用、收益的权力”；瑞恩法官在“劳诉雷斯印刷公司案”（1894，41 Neb.，127，146）中的意见：“财产在广义上并非可作为所有权对象的物体，而是可获得的对该物之支配、占有及处分之权力”。

既然转让的权力往往是复杂法律利益（或财产集合）的基本要素之一，那么显然，消灭此权力的具体立法就可能因为未经法律上的正当程序剥夺所有权人之财产而构成违宪。参见上引案例。

样富有启发意义。然而某些隐喻性(*metaphorical*)的表述,诸如拉丁文中"他人所为视同亲为"(*qui facit per alium, facit per se*)云云,却往往模糊了代理的真正性质。代理关系的创设,首先包含对代理人授予法律权力及对本人创设相关责任。[68] 换言之,某甲有权力为对方(某乙)创设代理权,譬如转让某甲财产的权力,令某甲负担合同之债的权力,替某甲免除债务的权力,"接受"财产权利令其归属某甲的权力,诸如此类。这里顺便提一句,在代理案件中频繁使用的"权限"(authority)一词的含义实属模棱两可,令人捉摸不定。就代理关系而言,权限似乎是一个与具体的"授权"(authorization)相对应的抽象定性(qualitative)术语。授权包括本人和代理人之间的一系列构成性事实。然而,"权限"这一术语却常常把这些构成性事实和代理人由此而生的权力及特权混为一谈。[69] 在我看来,认真区别这些细节大有裨益于澄清代理法中的 53

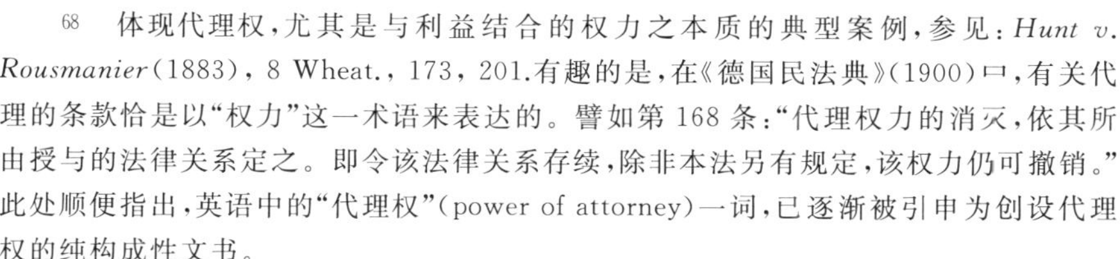
68 体现代理权,尤其是与利益结合的权力之本质的典型案例,参见:*Hunt v. Rousmanier*(1883), 8 Wheat., 173, 201.有趣的是,在《德国民法典》(1900)中,有关代理的条款恰是以"权力"这一术语来表达的。譬如第 168 条:"代理权力的消灭,依其所由授与的法律关系定之。即令该法律关系存续,除非本法另有规定,该权力仍可撤销。"此处顺便指出,英语中的"代理权"(power of attorney)一词,已逐渐被引申为创设代理权的纯构成性文书。

69 "权限"这一术语在代理案件中以及依赖严密推理的法律冲突问题中不严谨的和混乱的用法,参见:*People v. Nickerson* (1844),3 Story, 465, 476, 481, 483; *Lloyd v. Guibert* (1865),6 B. & S., 100, 117; *King v. Sarria* (1877),69 N.Y., 24, 28, 30-32; *Risdon, etc., Works v. Furness*(1905),1 K.B., 304; (1906) 1 K.B., 49.

在对上述案例的批评中,有关正文所讨论之问题者,参见拙文:《股东个人责任与法律冲突》,第 492 页、第 512 页注释 46、第 521 页注释 71;该文续篇(10 *Columbia Law Review*),第 542—544 页。

某些问题。[70]

财产处理权（powers of appointment）也与代理权大同小异。而官员的权力就其实质而言也属代理权，譬如警长依执行令出售财产之权力。死因（*causa mortis*）赠与中赠与人撤销赠与之权力与取消受赠人资格之权力，也是我们正在讨论的这一法律概念的又一鲜明例证；[71]而受担保债权人的法定变价受偿权也是如此。[72]

另一方面，某些法律关系的真正性质可能从不曾被清楚地认识。在附条件的动产买卖中，若买受人除最后一期款项未付外已履行全部协议，而付款期限现已届满，则买受人对该动产有何等利益？他是否像通常所认为的那样，仅在付清最后一笔款项后才有经出卖人同意而取得该动产所有权的合同**权利**？抑或不论卖方同意与否，他都有消灭后者的所有权从而自身取得一项完整所有权的权
54 力？尽管具体案件中的用语往往远非准确，但买受人似乎的确拥

70 对于许多案件（法律冲突问题尤其如此）而言，将代理关系明确地理解和承认为法律权力之创设皆属至关重要。除前引诸案，尚有两个案例值得参考：*Milliken v. Pratt*（1878），125 Mass.，374——体现了对代理问题的不求甚解；*Freeman's Appeal*（1897），68 Com.，533——则包含了鲍德温法官对代理关系的细致分析。以此分析为指引，上诉法院推翻了马萨诸塞州法院的判决，这位博学的法官指出："其实，米切尔（Mitchell）夫人的行为便属此类。她通过委托她的丈夫作为代理人向银行提供担保，得以实施其在法律上本无资格实施之行为。而你无权令你在芝加哥向在伊利诺伊州的债权人提供担保有效成立，正如若此担保针对康涅狄格州之债权人的话，你在此地提供便不能有效成立一般。重点并非提供担保之地点，而在于有无此权力。"

71 参见：*Emery v. Clough*（1885），63 N.H.，552（"解除合同的权利或权力"）。

72 参见：*Hudgens v. Chamberlain*（1911），161 Cal.，710，713，715。法定权力的另一个例子，参见：*Capital, etc., Bk., v. Rhodes*（1903），1 Ch.，631，655（"因登记行为产生的权力"）。

有上述权力。[73] 就其本质而言，在典型的第三方担保交易（escrow transaction）中，条件的满足与否处于受让人的意志支配之下，这与动产的附条件买卖也有几分相似。若将其简化为最基本的术语，显然“权力”一词最为得当。一旦订立了第三方担保合同，出让人在法律上有所有权，但受让人通过满足特定的条件（即附加的各种构成性事实），便握有消灭对方所有权并令自身取得该所有权的不可撤销之权力。一旦有此权力，出让人当然就承担放弃其所有权的相关责任。[74] 同理，在附条件的土地永业权（land in fee simple subject to condition subsequent）案件中，若条件成就，原出佃人一般有“收回 55
土地的权利”（*right* of entry）。然而若认真分析，我们便会发现关键在于出佃人一方有两项法律元素：(1)收回出佃土地之特权；以

73 尽管法院使用“权利”这一模糊的术语，但显然其性质其实是权力。因此，在颇具启发性的“卡彭特诉斯科特案”（*Carpenter v. Scott*, 1881, 13 R.I., 477, 479）中，马特森法官（J. Matteson）代表法院称：“依附条件买卖合同，买受人所取得的不仅是占有和使用的权利，还包括在履行合同条款的情况下成为不受限制的所有权人之权利。而上述权利是出卖人任何行为皆无法剥夺的。若合同未作限制，则买受人可通过出卖或抵押而转让该权利。在条件成就后，财产所有权便归属买受人；若其已将该财产出卖或抵押，则所有权便归属后手买受人或抵押权人，而无须进再为此订立合同……上述权利构成了财产上的实有、既得利益。如前所述，此类利益可以通过出卖或抵押而让与。”

有趣的是，引文中的“权利”一词开始被用来表示占有和使用之特权；接下来又主要在法律权力的意义上使用，尽管这里可能部分地掺杂了权利（狭义）或请求权的因素；然后，这一术语（复数）在第三次使用时，又集买受人的特权、权力和请求权于一身。关于买受人利益的真正性质，另参见：*Christensen v. Nelson*（1901），38 Or. 473, 477, 479.该案表明，其实买受人的权力和特权皆可让与他人，而且不含瑕疵的交付与“付款具有同等效力”。

74 参见：*Divis v. Clark*（1897），58 Kan., 100; 48 Pas., 563, 565; *Leiter v. Pike*（1889），127 Ill., 287, 326; *Welstur v. Trust Co.*（1895），145 N.Y., 275, 283; *Furley v. Palmer*（1870），20 Oh.St., 223, 225.

尽管受让人的权力不可撤销，但却受到下述限制：此权力可能因出让人与属善意买受人的第三方之间的交易而遭消灭（或变更）。当然不问可知，法院早已习于用“交付”“溯及力”“附条件履行”等语来描述和解决第三方担保交易的问题，而不是用“权力”这一术语来分析该问题。

及(2)借收回而消灭承佃人永业权的权力。[75] 在此权力实际行使前,后者的永业权存续,但却承担遭上述权力消灭的相关责任。[76]

现在来看合同法领域。设某甲通过函件向某乙发出出让土地之要约,并索价10000元;且此函件及时送达某乙。上述构成性事实便为某乙创设了一项权力,同时也令某甲承担了相关责任。某乙若回函承诺,他便握有足以在其与某甲之间创设潜在和尚未生效的合同债务之权力。[77] 设该土地实际价值15000元,则此法律因素——甲乙二人之间的"权力-责任"关系——对某乙而言便值5000元。某甲之责任将存续一段合理的期间,除非他预先行使权力,通过称为"撤回"的事实构成消灭该责任。而所存续者往往被描述为:某甲之"要约"将在一段合理的或者实际规定的期间内"存续"或"持续有效"(remain open),除非某甲先行"撤销"或"撤回"要约。[78] 无疑,在多数案件中如此描述不会有什么危害,但这种说法却将非法律因素与法律因素混为一谈。当面临需要认真推理的疑难案件时,我们最好将二者明确分开。要约乃是一系列物质和精神的构成性

---

75 对此需要指出的是,萨格登(Edward Sugden)在其《论权力》(*On Powers*, 8th edn., 1861)中使用了与众不同的术语,即"因违反条件而收回的权力"(power of entry for condition broken)。

76 有关于权力的各种情形,参见下述案例中的观点:*Bk. of S. Australia v. Abrahams*(1875), L.R.P.C., 265; *Barlow v. Ross*(1890),24 Q.B.D., 381, 384.

77 关于"尚未生效"的债务,参见库克本法官(J. Cockburn)在"弗罗斯特诉奈特案"(*Frost v. Knight*, 1872, L. R. 7 Ex., 111)中的意见,下文将继续探讨此问题。

78 比较:*Boston R. Co. v. Bartlett*(1849),3 Cush., 225——"尽管被告签署的仅是要约,且系可撤回之要约,然而当要约仍然有效未被撤回时,在承诺的期限内仍属存续之要约,在全部剩余期间内,时时刻刻皆为要约;但一经承诺,就不仅仅是要约了。"

比较阿什利(Clarence D. Ashley)在《合同法》(*Contract*, 1911)中的表达方式(第16节以下)。

事实，一旦该事实因“受要约人之承诺”而完成，则其使命便告完结 56
（*functus officio*）。而真正的问题在于承诺时所生的法律后果（若确实产生了后果）。若此后果包括某乙的权力与某甲的相关责任的话，那么显然，所“存续”或“持续有效”的正是上述法律关系——直到承诺被撤回或因其他构成性事实而改变为止。[78a]明了于此，就只需对通过寄送函件订立合同的情形稍加损益，便可解释于任何类型的合同。即使合同双方同时在场，要约也同样对要约人产生责任且为受要约人创设相关权力。唯一有别于前者的是，此时的权力与责任存续期间相对短暂而已。

或许有关选择权（options）的实践更能证明上述分析方法的合理性，兰代尔在其合同法大作中写道[79]：

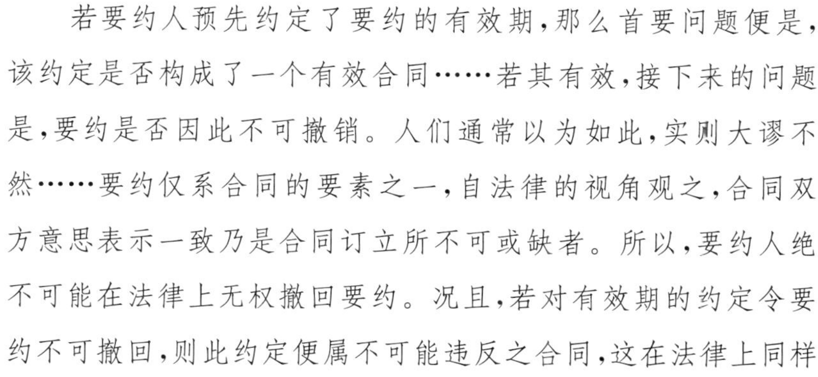

> 若要约人预先约定了要约的有效期，那么首要问题便是，该约定是否构成了一个有效合同……若其有效，接下来的问题是，要约是否因此不可撤销。人们通常以为如此，实则大谬不然……要约仅系合同的要素之一，自法律的视角观之，合同双方意思表示一致乃是合同订立所不可或缺者。所以，要约人绝不可能在法律上无权撤回要约。况且，若对有效期的约定令要约不可撤回，则此约定便属不可能违反之合同，这在法律上同样

78a ［霍姆斯大法官在“布劳尔诉肖案”（*Brauer v. Shaw*, 1897, 168 Mass., 198, 200）中对此阐述得尤为清晰：“被告以选择及行为在他与原告之间形成了一种关系，即原告可通过自身之行为与被告结成合同关系……”］

79 兰代尔：《合同法概论》（*Summary of law on Contract*, 2nd edn., 1880），第178页。

> 不可思议。因此,此约定的唯一效果便是,若要约人因撤回要约而违反此约定,受要约人便因此被赋予损害赔偿请求权。[80]

上述推理忽略了一个事实,即普通要约本身(*ispo facto*)便创设了一项法律关系——法律权力和法律责任。“持续有效”的正是此关系(而非构成要约的物质与精神事实)。只要承认这一事实,也就不难理解,一项包含对价(consideration)或体现在盖印文书中的单边选择权协议,为选择权人创设了一项不可撤销的权力,该
57 权力可于有效期内的任何时间,在其本人和授予选择权者之间创设一项双务合同。当然,与此权力相关,授权人也就承担了一项其本人无权消灭的责任。法院似乎也不难得出上述根本性的结论,但其解释却总是采用“要约的撤回”这一术语,或是与之相似的掺入物质与精神因素的表述。[81]

80　兰代尔的上述逻辑前提和具体结论为许多学者所采纳。具体例子参见阿什利:《合同法》,第 25 节以下;麦克威廉姆斯(Robert L. McWilliams):《论选择权协议的执行》(“Enforcement of Option Agreements”, 1 *California Law Review*, 1913, 222-229),第 222 页。

81　近期司法界对此问题的表述,参见斯洛斯法官(J. Sloss)在“沃尔特·里斯公司诉豪斯案”(*W. G. Reese Co. v. House*, 1912, 162 Cal., 740, 745)中的意见:“凡有对价,在其协议存续期间内,选择权就不能撤销。若无对价,授权方则可在承诺前的任何时间撤回要约,即使约定的有效期尚未届满……此类要约于有效期内经承诺后,便构成合同,对双方均有拘束力,双方皆可请求强制执行之。”

相似意见参见:*Linn v. Mclean* (1885), 80 Ala., 360, 364; *O'Brien v. Boland* (1896), 166 Mass., 481, 483——“盖印要约”。多数承认选择权授予后不可撤回案件属于请求具体履行的衡平法诉讼;但无可置疑,同样的原则也应适用于请求损害赔偿的普通法诉讼。参见:*Baker v. Shaw* (1912), 68 Wash., 99, 103——损害赔偿诉讼判决书的旁论(*dicta*)。

[关于对文中提出之分析方法的应用,另参见科宾:《要约、承诺及其产生的法律关系》《合同法上的条件》。——编者]

既然论及由普通要约和选择权分别创设的权力与责任，不妨再分析一下从事"公共事业"者的责任。相当有趣的是，此类当事人的独特地位几乎可以说是介于普通合同要约人和选择权授予人之间。人们确实习以为常地说，此类当事人(一般而言)对其他所有人负有现时义务(present duty)，但这恐怕并不正确。怀曼(Bruce Wyman)教授在其研究公共服务公司的著作中写道[82]：

> 所有从事公共事业者所负担的义务，主要是为每一公众成员服务的义务……在我国法律制度中设立这一特别义务有些困难……真正的原因在于，履行公共义务之人的义务与众不同。[83]

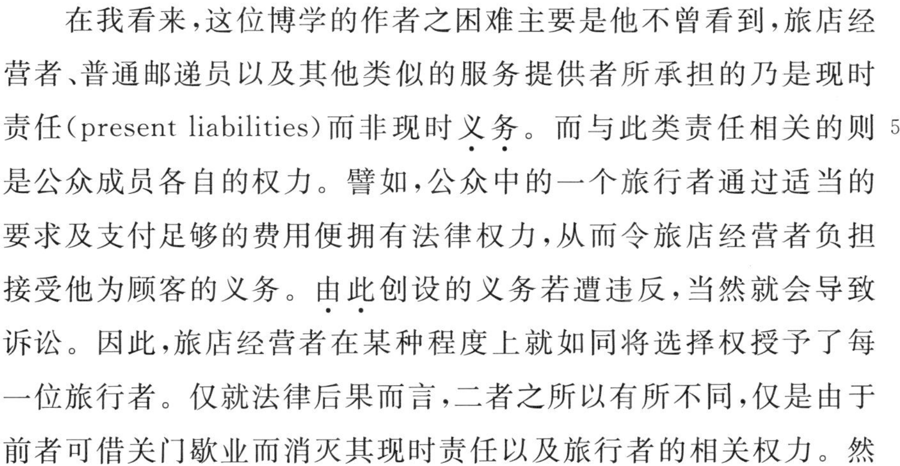

在我看来，这位博学的作者之困难主要是他不曾看到，旅店经营者、普通邮递员以及其他类似的服务提供者所承担的乃是现时责任(present liabilities)而非现时义务。而与此类责任相关的则 58
是公众成员各自的权力。譬如，公众中的一个旅行者通过适当的要求及支付足够的费用便拥有法律权力，从而令旅店经营者负担接受他为顾客的义务。由此创设的义务若遭违反，当然就会导致诉讼。因此，旅店经营者在某种程度上就如同将选择权授予了每一位旅行者。仅就法律后果而言，二者之所以有所不同，仅是由于前者可借关门歇业而消灭其现时责任以及旅行者的相关权力。然

82 怀曼：《公共服务公司个案研究》(*Cases on Public Service Companies*, 1911)，第 330—333 节。

83 相同的观点，参见金尼尔(Keener)：《准合同》(*Quasi-Contracts*, 1893)，第 18 页。

而，另一方面，旅店经营者的责任却比普通合同要约人尤有过之，只因他难以通过类似撤回要约的简单行为来消灭此责任。

对于业已讨论过的诸“法律权力”，还需注意一点。譬如，在分析一般的财产所有权人之让与权时，就要仔细地区分法律权力、为“行使”法律权力所必须的物质力量（*physical* power）以及实施让与行为之特权——若真有此特权的话。然而特权可能存在，也可能不存在。若土地所有权人某甲与某乙订立了合同，约定前者不得将土地让与某丙，则某甲为行使将土地让与某丙之权力所必为之行为，在某甲同某乙之外的任何人之间皆有此特权，但在甲、乙之间，前者显然不享有为此行为之特权；相反，他却对某乙负有义务，即不得实施任何为行使上述权力所必须之行为。

到目前为止，对责任本身尚未展开充分的论述。正如我们所知，其与权力相关而与豁免（或免除）相反。无疑，“责任”这一术语常被不严谨地作为“义务”或“债务”的同义词。但我相信，只要广泛查阅司法判例，便可证明本文所取之义最与该术语相宜。下面来看一些相关的案例。在“麦克尼尔诉麦克尼尔案”（*McNeer v. McNeer*）中，[84]马格鲁德法官就把“权力”与“责任”这对概念相提并论：

> 然而，只要她活着，他在她的土地上之利益就欠缺诸如处分权和承担强制拍卖的责任等财产要素，而正是上述要素赋予该土地以财产属性。

---

84 (1892) 142 Ill., 388, 397.

在“布斯诉联邦案”(*Booth v. Commonwealth*)中，[85]法院须解释一项弗吉尼亚州的立法。该立法规定：“除本法后列之情形外，59 凡21岁至60岁的自由白人男性均有责任(shall be *liable* to)担任陪审员。”显然，这里规定的是责任而非义务。这是一项能够产生义务的责任。只有当诉讼当事人和法官行使其权力并实施了必要行为时，某人才实际负担了履行陪审员职责这一具体义务。蒙丘尔(J. Moncure)法官代表法院所发表的意见说明，责任是豁免(或免除)的相反或否定：

> 立法中的术语不论字面含义还是引申含义都是“有责任的”(liable)，它与“有资格的”(qualified)的含义大相径庭……其本义乃是“受拘束的”(bound)或“被迫的”(obliged)……某人若免于(exempt)担任陪审员，他就没有担任陪审员之责任；而某人若不承担此责，也就被免于担任陪审员。这些术语可相互代替。

在“埃默里诉克劳夫案”(*Emery v. Clough*)中，[86]我们也可以看到“责任”在司法语言中的应用。在谈及死因赠与以及因赠与人行使撤销权而令受赠人承担放弃既得利益之责任时，史密斯大法官(Justice Smith)写道：

> 因交付而移转的死因赠与财产，只有在赠与人生前方可

[85] (1861) 16 Grat., 519, 525.

[86] (1885) 63 N.H., 552.

> 解除。赠与人的死亡终止了解除的权利或权力，也就成全了受赠人的所有权。财产从赠与人直接移转给受赠人……在他死后，除非为保护赠与人之债权人的利益，该所有权才可能承担遭剥夺之责任……赠与人的权利与权力随其死亡而消灭。

或许最接近“责任”的同义词是“隶属”(subjection)或“职责”(responsibility)。关于后者，戴大法官(Justice Day)在“麦克尔弗雷什诉柯肯达尔案”(*McElfresh v. Kirkndall*)中[87]有一段非常有趣的表述：

> “债务”与“责任”并非同义词，人们通常也不把二者当成一回事。当表达当事人的金钱关系时，“责任”这一术语的含义广于债务……责任即职责。

尽管“责任”也包含前文所提到的宽泛的一般含义，但毫无疑问，更经常地表达与对方当事人和法官的某项权力(或权力之集合
60 体)相关的那种特定形式之责任(或责任之集合体)。[88] 在“拉廷诉吉勒特案”(*Lattin v. Gillette*)中，[89]加州的某项立法就表达了这

---

[87] (1873) 36 Ia., 224, 226.

[88] 比较伊舍勋爵(Lord Esher)在“司法部长诉阿德莱德汽船公司案”(*Attorney General v. Sudeley*, 1896, 1 Q.B., 354, 359)中的意见：“所谓‘诉权’(right of action)并非是指提起诉讼的权力。任何人都能提起诉讼，尽管其根本无有权力可言”；柯林斯法官(J. Collins)在“克洛塞斯诉凯勒案”(*Kroession v. Keller*, 1895, 60 Minn., 372)中的“提起此类诉讼之权力”(the power of bring such actions)等语。

[89] (1892) 95 Cal., 317, 319.

种含义。哈里森大法官(Justice Harrison)指出:

> “责任”一词是指某人因违约或违反其所负担的任何义务而所处的那种状况。《布维尔法律词典》(*Bouvier*,1856)将其定义为“职责”。[90]

豁免与无权力。上文业已指出,豁免与无权力(disability or no-power)相关而与责任相反,或者说是对责任的否定。若能对上文举一反三的话,恐怕不难看出,权力之于豁免正如权利之于特权,两对概念之间应当存在同类的普遍关系:权利是某人针对他人的强制性请求,特权则是某人免受他人的权利或请求权约束之自由。同理,权力是对他人对特定法律关系的强制性“支配”,则豁免当然是在特定法律关系中,某人免受他人法律权力或“支配”约束的自由。

下面稍举几例加以说明。设某甲为土地所有权人,我们已知他有权力将土地让与某乙或他人。那么除此之外,某甲尚有对抗某乙或他人的各种豁免。某乙就某甲将上述法律利益移转给他本人或他人这一法律关系而言,便属于无权力。对某乙成立者,对于

90 我们习惯于将责任毫无例外地看作一方对另一方的一种沉重负担。但就“责任”一词更广泛的专门含义而言,并非必然如此。因此,挂表的所有权人某甲便有权力抛弃其所有权,即消灭其有关该挂表的现有权利、权力和豁免(而其特权在他人取得这块被抛弃的挂表所有权之前却依然如故);与某甲所抛弃的权力相关的则是除某甲之外任何人的责任。此责任谈不到沉重或不受欢迎,而是恰恰相反。譬如对另一个人某乙而言,这是为他创设有利于此人的(尽管违背其意愿)关于该挂表的特权和权力之责任,也就是取得占有之特权以及进而以此取得自身之所有权的权力。参见:*Dougherty v. Creary* (1866), 30 Cal., 290, 298;并比较那种创设义务的责任与这种令人称心的责任形式,诸如因被授予选择权之责任而令财产价值大增的情形。

其他未因特定构成性事实而取得让与某甲之土地之权力者亦然。若某执行令依法授予治安官出售某甲利益之权力，情况便大不相同了：与治安官上述权力相关者乃是某甲之**责任**，后者恰与豁免（或免除）相反。同样值得注意的是，就治安官的权力而言，某甲可
61 能对其某些财产享有豁免或免除，而对其他部分则承担责任。[90a]同理，若某甲合法地任命一名代理人转让某项财产，那么在他与代理人之关系中，某甲对该项财产便承担责任而不享有豁免。

一百多年来，我国不少重要的案件都涉及对征税权力的豁免。若读者对准确严格地使用法律概念与法律术语的“实践”意义尚属心中无数的话，那么想想众多上诉至联邦最高法院的有关免税问题的重要案件，或可多少打消一些疑虑。在“凤凰城保险公司诉田纳西州案”中，[91]佩卡姆法官代表法院表达了下述观点：

> 将此公司的全部“权利、特权与豁免”让与彼公司之际，凡可表达免除后者税收的词汇，可谓无所不用其极；而在接下来的第二项转让中，即上诉人之特权状（charter）的转让中，却省略了“豁免”一词。这一“省略”是否有意而为？若有，其居心安在？本院认为，这应属有意而为。“豁免”一词比其他词更清楚、明确地表达了将免税包括在内之意思。将免除税收描述为一项“豁免”比特权更加确切，尽管不能否认，有时“特权”一词也涵盖了此种免除。

90a 参见摩尔法官（J. Moore）在“戈尔尼克诉马克辛案”（*Gollnick v. Marxin*, 1911, 60 Or., 312, 118 Pac., 1106）中对“豁免”一词的用法。

91 （1895）161 U. S., 174, 177.

在"摩根诉路易斯安那州案"[92]中,菲尔德法官撰写了一段颇具启发性的文字。在某铁路公司之特许权及财产因抵押期满而遭拍卖时,他坚持认为对税收的豁免不可让与,这位博学的法官写道:

> 正如本院一再强调的,征税权力不受削弱乃是全体公众之利益所在……对该公司财产免税及免除其成员与职工陪审责任和兵役,都对该公司有利,且仅对其有利。就专属人身之特性而言,此豁免类似于某些州法律对债务人特定财产免于执行的规定。[93]

---

92 (1876) 93 U. S., 217, 222.

93 与之相一致的看法,参见菲尔德法官在"皮卡德诉田纳西州铁路公司案"(*Picard v. Tennessee, etc., R.Co.*, 1888, 130 U.S., 637, 642)中的意见;默迪法官(J. Moody)在"罗切斯特铁路公司诉罗切斯特案"(*Rochester Railway Co. v. Rochester*, 1906, 205 U.S., 236, 252)中的意见。此外,他还审理了许多此类案件。

在"国际与北方大铁路公司诉得克萨斯州案"(*Internat. & G. N. Ry. Co. v. State*, 1899, 75 Tex., 356)中,有关税收豁免的可让与性有不同意见,斯泰顿首席大法官代表法院写道(第 377 页):"依 1875 年 3 月 10 日之立法,无疑其所规定的免税不仅是赋予上诉人的权利,而且是一种内在于其所适用的财产,并随该财产归属后手所有权人……此权利的存在提高了其所适用财产的价值。股东与债权人当然应被推定为是基于确信给予其豁免的合同与该公司交易的。立法机关的行为、公司的解散或其他任何不足以移转财产所有权的措施,皆无法剥夺此豁免。对税收的豁免与立法所承认的土地所有权受到同样的保护。尽管公司可能会解散,但此权利却继续存在,并有利于豁免所适用之财产的所有权人。公司的合法解散会令公司设立行为所产生的一切公司特许与特权荡然无存;然而若公司以上述权利、特权和特许作为一项财产,且由基于有价约因之合同所保障,则其在公司解散之后将继续存在,并有利于那些对公司财产有权利或正当请求权者。"

有关宅地(homestead)免除,比较斯洛斯法官在"史密斯诉布加姆案"(*Smith v. Bougham*, 1909, 156 Cal., 359, 365)中的意见:"对宅地之宣告……令某些特权与豁免系于当时持有的财产之上。"

上述两个司法判决分别涉及了“豁免”这一术语的解释和豁免
62 可否转让的问题。在许多其他案例中，限制或扩张各种豁免的立法引起了不少宪法难题。诉讼当事人有时必须诉诸宪法中禁止损害合同债务的条款，以及未经法律上的正当程序不得剥夺财产之规定。而尤以免税[94]和免于执行[95]的案件为甚。

如果现在就该术语自身说点什么的话，首先要强调的是，“权利”一词在豁免领域也像在其他地方一样被滥用了。[96] 正如前引的司法判决所言，豁免最恰当的同义词当然是“免除”。[97] “免罚”
63 (impunity)一词的含义也与之相仿，明了这一点对我们很有启发。大法官芬奇爵士(Lord Finch)在“斯凯尔顿诉斯凯尔顿案”(*Skelton v. Skelton*, 1677)中所作的有趣区分令其一目了然[98]：

94 参见：*Choate v. Trapp* (1912)，224 U.S.，665.

95 参见：*Brearly School, Limited v. Ward* (1911)，201 N.Y.，358；94 N.E.，1001——这是一个有趣的判决，有三位法官持异议。

96 参见前引：*Brearly School, Limited v. Ward*；另参见：*Internat. & G. N. Ry. Co.v. State* (1899)，75 Tex.，356.

97 并比较特尼法官(J. Turney)在“威尔逊诉盖恩斯案”(*Wilson v. Gaines*, 1877, 9 Baxt.Tenn., 546, 550-551)中的意见：“该立法仅使用了两个宪法中的词汇——‘权利’与‘特权’，却漏掉了接下来的两个词‘豁免’和‘免除’。不论使用两个词中的哪一个，原告的主张都会变得更加清楚。此种措辞显然表明立法机关有意不想让当事人享有其所主张的那种利益。”

法院很少去辨别豁免和免除的细微差别。在今年7月的“斯特拉恩诉韦恩公司案”(*Strahan v. Wayne Co.*, 1913, 142 N. W., 678, 680, Neb.)中，巴恩斯法官(J. Barnes)指出：“影响重大的权威观点认为，遗孀遗产(dower)豁免(于遗产税)，并非因为该财产系亡夫所遗……而是因为在(丈夫)生存时，该财产就部分地属于她……严格说来，遗孀的份额是豁免而非免除(exempt)遗产税。对这部分财产原本就不应纳税，而非解除了缴纳此税之义务。”

98 (1677) 2 Swanst., 170.

> 但我绝不同意，衡平法应扩大议会立法所创设的无权力之范围；关于颁发禁止令来阻止损毁行为，我区别了佃户仅享有免罚权（impunitatem）之情形与佃户拥有损毁权（*jus in arboribus*）之情形。若佃户仅被赦免（indemnity）或免除（exemption）普通法上之诉讼，则他如实施损毁行为，应受禁止令之约束并停止损毁行为当属公允。[99]

* * *

本文的后半部分分析了八个法律概念，并对其做了细致的比较。之所以如此，是为了不单展示概念内在含义与范围，还要呈现概念彼此之间的关系，以及在司法推理中用以解决个案问题之方法。在本文行将结束之际，对于明确区别并准确使用法律概念的重大实践意义，我想冒昧地做一总结。打个简单的比方，这八个概念，即权利与义务、特权与无权利、权力与责任、豁免和无权力就如同法律的最小公分母。10 个分数（1/3、2/5 等）表面上看彼此不 64

99 从“斯凯尔顿诉斯凯尔顿案”中可以看出，“免罚”（*impunity*）和“免除”（*exemption*）两词皆被用以表述与原告在普通法诉讼中之权力相关之责任相反者。近期相似的案例，参见麦克诺顿勋爵（Lord Macnaghten）在“瓦谢有限公司诉伦敦作曲家协会案”（*Vacher & Sons, Limited v. London Society of Compositors*, 1913, A.C., 107, 118, 125）中的意见：“团体或组织得以豁免于普通法诉讼这一观念，并无荒谬之处”，以及阿特金森勋爵（Lord Atkinson）的“授予受托人绝对的豁免”等语。比较汉密尔顿法官（J. Hamilton）在“贝利斯诉伦敦主教案”（*Baylies v. Bishop of London*, 1913, 1 Ch., 127, 139, 140）中的意见。[并比较伊迪法官（Swinfen Eady）在“桑希尔诉威克斯案”（*Thornhill v. Weeks*, 1913, 1 Ch., 438, 442）中的意见。]以“无权力”一词表达对法律权力之否定这种用法的例子，参见：*Poury v. Hordern* (1900), 1 Ch., 492, 495; *Sheridan v. Elden*(1862), 24 N.Y., 281, 384.

同，难以通约，但若以其最小公分母来表达（5/15、6/15 等），便易于比较，也就可以发现这些分数根本上的相似性。法律亦然，全部“法律因素”均可归结为最简的一般概念。

譬如，我们回过头来再看权力问题。附条件的动产买卖、第三方担保交易、选择权、代理关系和财产处理权等法律关系有何实质与根本上的相似性，这并非一目了然。但若将上述关系化约为最简的一般术语，我们便会发现：“法律权力”和“法律责任”这对概念普遍适用于这一系列法律关系（尽管不能排除其他概念之适用）。如此一来，我们不但能在看似是无穷无尽、变幻莫测的表面现象中发现根本上的相似性与拨云见日般的可比性，且能体察到隐藏于诸法律问题背后的普遍司法与政策原则。一个虽属间接却相当实际的效果是，貌似毫不相干的判例也往往可凭借此种分析而获得权威性的说服力。若上述观点对权力问题成立，则其对其他基本法律概念也应同样成立。一言以蔽之，越深入分析，就越能深味法律在根本上的统一与和谐。[100]

于加州斯坦福大学

100　依当前的研究计划，本文的续篇将讨论普通法关系与衡平法关系之区别，并比较对物权与对人权，也将涉及实体法关系与程序法关系的所谓区别。我主要是想证明，就这些关系的内在本质而言，通常所谓的那些区别皆出自想象而非真实存在。最后，我也会对复杂法律利益或法律关系集合体的性质和分析有所关注。[其实，本文的“续篇”主要讨论了权利问题，即对人权与对物权。霍菲尔德的英年早逝令其研究计划再也无法完成。——编者]

下 篇 65

司法推理中应用的基本法律概念[1]

本文尽管在立意与行文上皆欲自成一篇，但早已被规划为三年前同名论文的续作了。[2] 这里先对前作所涉内容略作交待。前作分为三部分："法律概念与非法律概念""构成性事实与证明性事实"以及"诸基本法律关系之比较"。其中第三部分从"相反与相关关系"的图表入手分析、研究了诸法律关系，[3] 为便于表述本文所涉诸问题，兹重列该表如下：

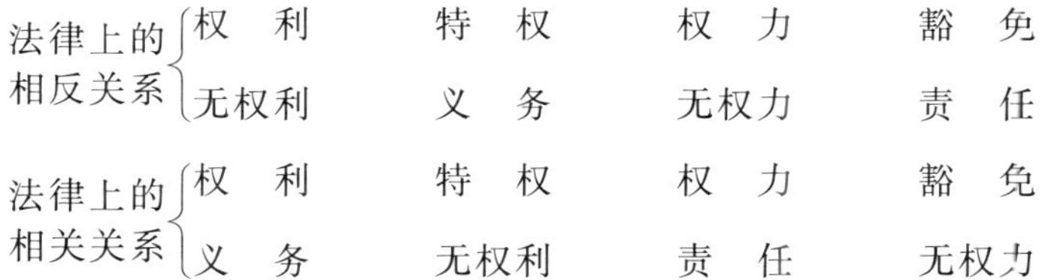

法律上的相反关系	权　利	特　权	权　力	豁　免
	无权利	义　务	无权力	责　任

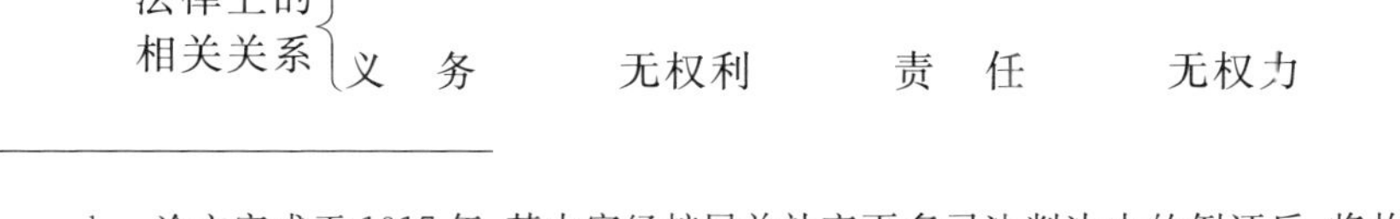

法律上的相关关系	权　利	特　权	权　力	豁　免
	义　务	无权利	责　任	无权力

1　论文完成于 1917 年，其内容经扩展并补充更多司法判决中的例证后，将构成不久后问世的同名著作之一部。[本文原载《耶鲁法律杂志》第 26 卷(1917)。——编者]

2　参见拙文：《司法推理中应用的若干基本法律概念》，第 16—20 页及相关注释。前文主要致力于为分析、研究复杂法律利益（即法律关系集合），尤其是衡平法上信托受益人（*cestui que trust*）之利益奠定坚实的基础。本文也将顺带涉及上述利益，但更详细的研究则尚待日后另撰一文。

3　对表中所列概念的详细阐释，参见拙文：《司法推理中应用的若干基本法律概念》，第 16、30 页以下。

明白无误地思考并以不含歧义的术语精确表达基本法律概
66 念，人们并非总能看到这样做的重大实践意义——初窥法学门道的学生尤其如此，甚至练达之士也往往不假思索地认为所谓“法理学”著作中讨论的问题过于“学究”而丝毫无益于法律实务。为纠正上述谬见——不幸的是，此谬见在法律的各个领域中皆不胜枚举[4]——前作不厌其烦地对表中所列八个概念详加分析与比较，

4 霍姆斯大法官在《法律之道》（“The path of Law”，10 *Harvard Law Review*，1897，456，474-475）中写道：“尽管‘法理学’一词在英语中被用以表达最一般的规则与最基本的概念，但我却以为将个案抽象为规则的每一步努力皆有法理学上之意义。法律大家的标志之一便是深知如何运用最一般的规则。请看佛蒙特州治安法官的故事：一农夫因另一农夫打破其搅奶桶而起诉后者。法官在深思熟虑后判决道，因查遍法律法规也未见有关搅乳桶的规定，故判被告胜诉。类似的思维在案件摘要与教科书中皆属屡见不鲜。合同或侵权基本规则的应用要么被置于铁路、电报的名目下，要么被纳入航运法或衡平法这类仅有历史意义的分类，或者被归诸商法之类能吸引实践者的部门。以法律为业者唯有精通上述种种才能游刃有余，而这有赖于透过五光十色的个案而洞悉预测的真正根基。那么，在使用法律、权利、义务、恶意、故意、过失、所有及占有之类的术语时，便需对其真义心知肚明。据我所知，最高法院之所以错判若干案件，就是因其对某些术语仅一知半解而至心中无数。

这位博学的法官在下述案件中的意见也颇值得玩味：“对人造术语的争论有受其专门定义之误导而引起与时下用法本属风马牛不相及的后果之虞。”（*Guy v. Donald*，1906，203 U.S.，399，406；27 Sup. Ct.Rep.，63，64）“法律的不幸之一在于，观念因被包裹在术语之中而长期得不到进一步的分析。”（*Hyde v. United States*，1911，225 U.S.，347，391）

比较金尼尔勋爵在“苏格兰银行诉麦克劳德案”（1914，A.C.，311，324）中的意见。他赞同韦斯特伯里勋爵（Lord Westbury）的观点，即“用语不精确乃是造成法律上谬误的最主要渊数”；以及曼斯菲尔德勋爵（Lord Mansfield）的意见，即“法律中的隐喻最易生误解”。这位博学的法官还认为：“错误在于将法律术语在其通俗或隐喻的意义上使用，进而将这种用法与本应系于其严格专业含义的法律效果扯在一起。”

因法律术语的不严谨或模棱两可而引起的思维混乱，另参见菲尔德法官在“摩根诉路易斯安那州案”（1876，93 U.S.，217，223）中的意见，以及佩卡姆法官在“凤凰城保险公司诉田纳西州案”（1895，161 U.S.，174，177，178）中的意见。

这不单是要呈现其内涵、外延以及彼此关系，更是为了展示将此方
法实际应用于**司法推理**以解决个案问题之优劣。为达成后一目
的，本文也如前作一般，将大量援引诸术语在司法判决中的迥异 67
用法，当然，也少不了引证法学大家的著作，不论作为正例抑或
反例。[5]

接下来，我打算逐一讨论那些对前表所列的八种法律关系皆
适用的重要分类。这些广为流行的分类主要有：对人关系（即“特
定”关系）与对物关系（即“非特定”关系）；普遍关系（或一般关系）
与特殊关系（或个别关系）；合意关系与建构关系；第一性关系与第
二性关系；实体关系与程序关系；完备关系与瑕疵关系；以及相容
性关系（譬如普通法关系与衡平法关系两立）与排他性关系（譬如
专属衡平法之关系）。[6] 由于我国的制定法与判例法越来越汗牛
充栋，上述分类对于实践的重要性也与日俱增：不仅因其生来便是
理解复杂法律素材并将其体系化的思维工具，更由于这些彼此相
对的概念与术语愈发构成了日常司法推理与判决的形式基础。[7] 68
因篇幅所限，本文仅讨论第一个分类，即对人关系与对物关系。

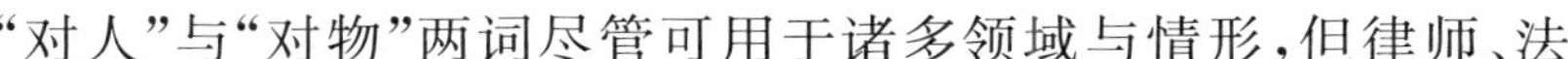

“对人”与“对物”两词尽管可用于诸多领域与情形，但律师、法

5　然而限于篇幅，本文对于原先打算引用的大量有益素材也只能割爱了。

6　对于“相容性”法律关系与“排他性”法律关系的解释，参见拙文：《衡平法与普通法的关系》，第 537、553、569 页。另参见我的朋友兼同事库克教授的《无体动产的可转让性——答威利斯顿教授》一文，尤其是第 449、460 页以下。

7　切不可忽略这句话中的“形式”（formal）一词；因为尽管本文作者暂时强调的是法律问题的形式与分析方面，但却丝毫不曾低估法律的科学与实践向度。我早就对法律的更多基本面，无论是历史（或遗传）法学、比较（或折中）法学还是立法（或建构）法学、经验（或功能）法学皆有所涉及。参见拙文：《一个重要的法学流派》，第 76—139 页。

官与法学家却往往以为其含义一成不变，并非模棱两可，当不至误导粗心大意之辈。然而实情恰恰相反，才华横溢的法官们也曾直言不讳地指出此点，这尤其值得我们注意。霍姆斯大法官在“泰勒诉登记法院案”（*Tyler v. Court of Registration*）中承认，[8]“再没有哪个词汇比‘对物’一词被更频繁地误用了”；近期的“胡克诉霍夫曼案”（*Hook v. Hoffman*）中，[9]在弗兰克林大法官（Justice Franklin）学术性甚强的意见中出现了“对物程序”一语，他也认为“对物权”（*jus in rem*）这一表述“多少有些含混和模棱两可”。这位好学深思的法官更善意地指出了解决这一难题的唯一出路，并试图在其判决中身体力行。其原文颇值得一引：

> “不动的动产”或“可动的不动产”之类的表述纯属语法错误，若在划分诉讼时对本属“对人”之诉使用“对物”一语，则其矛盾之处也比前者不遑多让。在法律的发展历程中，上述表述罕有取代原有术语之可能，纵有可能也非相宜。霍姆斯大法官对此早有高见：“对人造术语的争论有受其专门定义之误导而引起与时下用法本属风马牛不相及的后果之虞。”（*Guy v. Donald*，1906，203 U. S.，406）
>
> 故不可因模棱两可或不够全面便抛弃本属相宜的术语，毋宁是要对其含义加以解释，用霍布斯（Thomas Hobbes）前辈的话说，便是“以差分和定义对其加以裁剪”。[10]

---

8 (1900) 175 Mass., 71, 76.

9 (1915) 16 Ariz., 540, 554.

10 (1915) 16 Ariz., 540, 558.

既然如此，我们就不得不从认识“对人”与“对物”这对彼此对立的术语入手，只因它们是至少四对迥异分类的基础，而这些分类 69
中出现的“对人”“对物”两词之含义也大不相同。

首先，我们将第一性权利(primary rights)分为对人权与对物权，这是最基本的分类；其次，便是众所周知的将一切诉讼程序分为对人之诉与对物之诉；再次，与前者密切相关，是将司法判决(以及司法管辖权)分为对人判决与对物判决；最后，设对人判决系所谓典型司法程序中“第一阶段”(primary stage)之结果，则前者之“执行”(enforcement)——此程序的“第二阶段”(secondary stage)——也就进入了我们的视野；[11]此执行在衡平法上典型的蔑视法庭案件中被称为“对人”执行，而其在普通法上因一般对人判

---

11 有关“第一阶段”与“第二阶段”在衡平法诉讼与普通法诉讼中的意义与用法，比较哈德威克勋爵(Lord Hardwicke)在“佩恩诉巴尔的摩爵士案”(*Penn v. Lord Baltimore*, 1750, 1 Ves., 444, 454)中的意见：“至于法院不能执行其判决，若根本无力执行，则判决便属徒劳，我亦作如是观；本案的情形却是，法院不能执行自身所做出的对物判决：以此作为阻止法院做出判决的反对理由却远非充分；只因本院作为衡平法院，早在诉讼结束之前便已做出了第一阶段之判决，此判决属对人判决，不论本院能否对有关英格兰土地恢复占有之诉做出判决，皆无碍前者；上述判决始于詹姆士一世(James Ⅰ)在位期间，却始终皆以禁止令(injunction)或恢复土地占有令(writ of assistant)执行：本院如今不能对爱尔兰或殖民地发出此令。当年金勋爵(Lord King)曾判决‘理查森诉宾夕法尼亚州总检察长汉密尔顿案’(*Richardson v. Hamilton, Attorney General of Pennsylvania*)，乃是关于费城土地与房产之诉讼，法院尽管不能对物执行，却仍然做出了判决。而在‘安格西案’(*Anglesey*)中，本人也对位于爱尔兰的土地做出了分割并处分该不动产的判决；尽管无法对物执行，我却能对英格兰的诉讼当事人执行蔑视法庭的对人判决并扣押其财产，这自属本院之职分。”

有趣的是，哈德威克勋爵将恢复土地占有令(依此令状，衡平法诉讼之原告得赖于司法长官之助恢复对土地之占有)当作衡平法院有时对“严格的对人判决”加以“对物执行”的手段。

70 决而生的典型强制拍卖则被称为“对物”执行。[12] 但凡对观念与语言的相互关系有过认真观察与思考者必能意识到语词能够反作用于观念,甚至阻碍、支配后者。尤其长期的一语双关或一词多义更易造成混淆。霍兰教授深知这一心理现象,他时刻提醒自己注意一个我们如今不必面对的问题,即那些众所周知的模棱两可之术语:拉丁文中的 *Ius*、德文中的 *Recht*、意大利文中的 *Dirtto* 以及法文中的 *Droit* 不仅被用来表达“法律”,还被用来表达“权利”这一法律创造的具体关系。他下面的话绝非夸大其词:“若以同一术语来表达原本就大相径庭的观念,这至多会导致拙劣或明显错误释义,倒也并无大碍。然而很不幸,人们似乎不可抗拒地从同一术语推想到其所表达的观念也是同一回事。”[13]

毫无疑问,这一心理学及语言学上的原理——或可称之为“语言交感原理”(the principle of linguistic contamination)——解释了那些法学大家的思考与论证何以造成了下述不幸后果:“对人”与“对物”这对术语被想象为在上述四种不同情形中皆具有相同的

---

12 关于对人程序与对物程序,库克教授的论文“衡平法院的权力”堪称佳构。另参见拙文:“衡平法与普通法的关系”。

13 霍兰:《法理学要义》,第 80—81 页。

比较奥斯丁:《法理学讲义》,第一卷,第 285—286 页注释。奥斯丁也如霍兰一般指出了上述术语的模棱两可,他还补充道:“纵然最精明与最谨慎的头脑也不免惑于模棱两可之词,则其(德国人)将大相径庭者混为一谈也就是可以谅解的过失了。”

另比较奥斯丁:《法理学讲义》,第一卷,第 322 页注释:“在英国法学用语中,作为准合同的事实或事件,常被描述为‘默示合同’或‘法律推定之合同’。换言之,准合同与真正的默示合同被纳入了同一名目,或被冠以彼此相似的若干名称。也正是出于上述原因,英国法学家才往往将准合同与默示合同混为一谈。混淆二者的例子,尤其参见布莱克斯通:《英国法释义》,第二卷,第三十章;第三卷,第九章。”

本质含义，进而推想其在每一分类中皆充当了完全吻合的基石，从而认为四种分类间皆有形式上对称的相互依赖性。譬如第一性对物权的实现有赖于对物程序与对物判决的“执行”；而第一性对人权则只能借对人之诉的“执行”而实现。上述问题与谬误都将围绕 71
本文的主线依次附带解决，也只有如此，才能给出足够的具体证明与例证。下文的主旨则是开门见山并不遗余力地探讨上述四种分类中的第一种，即对人权利（或请求权）、对人特权、对人权力、对人豁免与对物权利、对物特权、对物权力及对物豁免。本文作者斗胆建议，以不仅等效且更胜一筹的术语代替“对人”“对物”两词，那么我们便将逐一探讨下述八组分类：(1)特定权利（或请求权）与非特定权利（或请求权）；(2)特定特权与非特定特权；(3)特定权力与非特定权力；(4)特定豁免与非特定豁免；(5)特定无权利与非特定无权利；(6)特定义务与非特定义务；(7)特定无权力与非特定无权力；(8)特定责任与非特定责任。为求明白易知，上述八组特定的分类中的任何一组皆应单独讨论。但因篇幅之故，本文主要围绕第一组分类——特定权利或请求权与非特定权利或请求权——展开。

前作已充分证明，“权利”一词常被不加区别地在一般意义上使用，表述包括请求权、特权、权力及豁免在内的任何法律利益。[14] 然

14 有关认识到这一术语的一般性及其不严谨用法的司法判决，参见拙文：《司法推理中应用的若干基本法律概念》，第 16、33 页以下、36 页以下。

相似的例子，比较斯莱特法官在“肖诉普罗菲特案”(1910，57 Or.，192，201)中的意见：“被告代理人强烈主张，原告在本案诉状中所主张的利益仅获得了被告及其先人的口头许可，故应排除原告所举证据的充分证明力。本院不能赞同对诉状用语进行这种限制解释。本院认定，原告既然取得了‘被告及其先人的同意、容许及许可’，也就获得了相应‘权利’。而权利的含义包括‘财产’‘利益’‘权力’‘特许’‘豁免’以及特权，而在法律上经常使用的则是其狭义，即财产。”

而，狭义的权利却仅与义务相关，[15]也许权利的同义词“请求权”更
72 能达意。[16] 那么，文中“权利”一词便仅在与义务相关这一非常有限的意义上使用。之所以如此，乃是为了在面对更加复杂的细节与纷繁尤甚的事例之际仍能保持一贯的准确与清晰。

既然本文未采用为学者与法官所熟知的概念（即“对人”“对物”），那么先需对目前所探讨的这一分类做些解释。当然在篇幅允许的情况下，将对此展开更详细的探讨与证明，但现在只是指出：当今之通说对该分类所作的解释不仅经不住严格分析的检验，对于迅捷、准确地解决法律问题这一实践目标而言，更属南辕北辙。

特定权利或请求权（即“对人权”），即可以是某人（或某些人）享有的并针对另一个人（或另一些人）的一项独一无二的权利，[17]也可以是某些针对特定人且就其根本而言彼此相似的权利之一。[18] 而非特定权利或请求权（即“对物权”），则总是一大类就其根本而言彼此相似的权利之一，不论其属于实有（actual）权利抑或

[15] 参见拙文：《司法推理中应用的若干基本法律概念》，第16、31—32、38页。

[16] 关于请求权，比较斯泰顿法官的下述意见（尽管远非精确）：“权利被恰当地定义为有依据的请求，而后者恰恰意味着法律所承认或保障的请求。”“与人有关的权利不同于自然权利（natural rights），就其根本而言乃是国内法（municipal law）的造物，不论后者成文与否；在法律意义上，一旦某事实之后果是令法律宣布某人对他人之请求得强制执行，则必有权利在焉……”（*Mellinger v. City of Houston*, 1887, 68 Tex., 45, 3 S.W., 249, 253.）

[17] 文中“某些人”一语用以涵盖所谓“共同”权利与“共同”义务。［对于“共同权利”这一概念的简要讨论，参见本书导读。——编者］

[18] 尽管我建议将“特定”一词作为涵盖一切对人权的属概念，但不妨以“单一”（unital）一词来表达那种“并无其他权利伴生”的“独一无二”的权利。

潜在(potential)权利,[19]也不论其归属一人还是多人,此类权利总是各自针对不特定的一大类人。[20]

通过上述解释,我们就“对人权”之含义与所指便很容易达成 73
共识了。下面先举几个例子:若某乙欠某甲 1000 元,则某甲便拥有一项肯定的(*affirmative*)对人权或特定权利,即某乙应竭尽所能将 1000 元在法律上的所有权让与某甲。相反,若某甲已是 1000 元的所有权人,则他对其余诸人的权利便属非特定权利,或称对物权。前一个例子是欠某甲钱,后一个例子则是钱归某甲所有。[21] 若某丁与某丙订立合同,约定前者在接下去的六个月中为后者提供劳务,则某丙便拥有一项肯定的对人权,即某丁须提供约定的劳务。同理,一切合同权利与准合同权利皆与之一般无二。另一方面,对人权偶尔也具有否定的指向或内容。若优秀歌手 B 某同 A 某订立合同,约定前者在接下来的三个月中不得在与后者存在竞争关系的歌厅中献艺,则 A 某便对 B 某拥有一项否定的对人权,后者负担与之相关的否定义务。在这个例子中,A 某的权利也如上述请求权意义上的权利一般,只是 A、B 之间完整关系的一

19 文中所以使用“实有及潜在”一语的道理,需待对“实有”法律关系与“潜在”法律关系做出一般介绍后另做交待。

20 长久以来,人们一直将我所谓“非特定”的那类权利或请求权称为“一般”(general)权利,并以为这一术语非但得体而且易懂。参见马克伯(William Markby):《法律要义》(*Elements of Law*, 6th edn., 1905),第 105 节。然而我之所以不如此使用,乃是由于“一般”这一术语对于法律关系而言,最适于表述一大类彼此相似且又分别归属多人(如人民全体)者。譬如,任何与非特定权利相关之义务皆属一般或普遍(*common*)义务。而对于个人而言,不受他人伤害之权利既是非特定权利,也是一般权利。此问题留待日后再作完整阐述。

21 比较波洛克、梅特兰:《英国法律史》,第二卷,第 178 页。

面而已，而B某的义务则是此关系的另一面。换言之，完整的“权利-义务”关系须从法律关系双方的角度分别加以描述。

对物权或非特定权利(请求权)恰与上述例子相反。若某土地归某甲所有且为他实际占有，则不单某乙负担不得进入该土地的义务，其他许多人——却未必是所有人[22]——也是这般。某甲对某乙的权利便属非特定权利或对物权，只因为此权利不过是与之相似的一类权利之一，不论权利属实有抑或潜在，皆针对许多人。
74 至于某甲拥有的令某乙不得殴打其身、不得离间其夫妻感情、不得制造其拥有所谓专利之产品的权利也是如此。至于否定的非特定权利之例子，读者自能举一反三。[23] 值得时常仔细玩味的重要事例实在是数不胜数。

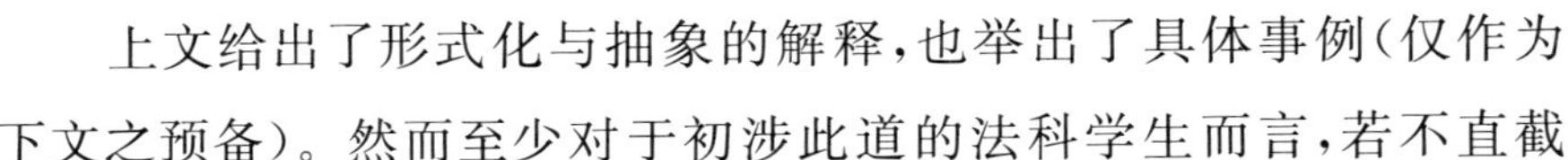

上文给出了形式化与抽象的解释，也举出了具体事例(仅作为下文之预备)。然而至少对于初涉此道的法科学生而言，若不直截

[22] 人们有时以为对物权(考虑与之相关者)总是针对所有人而毫无例外，这种观念部分地来自“对世”(against all the world)权这一表述。参见兰代尔：《衡平法诉讼概论》，第184节；“浅析衡平法管辖权”，第60页；哈特：《信托在法学中地位》(“The Place of Trust in Jurisprudence”, 28 *Law Quarterly Review*, 1912, 290-296)；特里：《法律的安排》(“The Arrangement of Law”, 17 *Columbia Law Review*, 1917, 365-376)。然此观念却有悖于该术语的一般用法。譬如，若某甲为土地所有权人，并给予好友某乙、某丙进入该土地的“许可”，则某甲便无令后者不得进入之权利；但某甲对乙、丙之外的所有其他人却仍拥有此权利，此权利显系“非特定”权利或“对物权”。[同理，比较非法占有中的权利：*Jerffries v. Great Western Ry.*(1856) 5 E. & B., 802; The Winkfield (1902), 42。]

[23] 文中所举诸例业已表明，非特定权利总是建构性权利而非合意性权利。换言之，这类权利及其相关义务独自产生，法律关系双方纵有与之相符的意思表示，也实属不相干。毫无疑问，这解释了何以与此类权利相关的义务纵非全部，也大半具有否定性：是否广泛设定此种纯否定义务本属利害计较的问题；然而绝大多数肯定义务却也与非特定权利相关。

了当地批驳常见的谬说，就不足以彻底、全面地清除“对人”“对物”之类表述在概念与语义上造成的艰难险阻。换言之，恐有必要相当具体、明确地指出，“对物权”这一不幸的术语究竟如何频繁地造成误解，以及被赋予该术语的诸意义又是如何屡试不爽地混淆、模糊了法律思维与论证。下面将对那些不严谨并容易造成误导的用法详加审视。至于饱学的读者，请勿忘记本文乃是面向法学院在读学生而非其他层次之人士，否则下文也就不必如此啰唆与小儿科了。

（一）对物权并非“针对某物”的权利：弗兰克林大法官在前引“胡克诉霍夫曼案”中满怀希望地写道[24]：“‘对物权’这一表述若仅就其自身而言，多少有些含混和模棱两可；但若与‘对人权’两相对照，其义也就自明了。”[25]这真是令人赞叹的乐观主义！然而，只要看看千百年来的无数富有才华的学生，甚至学识渊博的学者在此问题上不由自主的失误，恐怕就很难如此乐观了。任何人，不论法科学生还是法律专家，除非本身好学深思或是另有高人指点，否则当他将对人权理解为针对某人之权利之际，又岂能不自然而然地 75
将对物权当作对某物之权利？再设想“对人”“对物”这种划分在逻辑上已属周延，若唯有对人权方是针对某人之权利，则对物权当然就并非针对某人，而系针对某物了。也就是说，仅“对人权”这一表达，就足以令我们形成“尚有不对人之权利”这一印象；若再与对物权相对照（尽管此种对照出自想象，实属大谬不然），受到“*in rem*”（对物）这一拉丁词汇孤立的字面含义之蛊惑，此印象立即就会加

[24] (1915) 16 Ariz., 540, 555.

[25] 非常相似的表述，比较奥斯丁：《法理学讲义》，第二卷，第 957 页。

深——我们毕竟不能强求人人皆熟知该词的历史与特殊意义。对“对人权”的这种理解诚可谓粗鄙虚妄却又谬种流传，成了清晰思考、准确表述法律关系的绊脚石。人的确可能与某物体(*physical thing*)形成密切的物质关系且利害攸关：他在物质上支配并使用该物，并在物质上排除他人的同类支配与使用。但显然，此种纯物质关系却与有组织社会的法律风马牛不相及，有时甚至南辕北辙——物质关系与法律关系本是截然不同的两回事。[26] 法律关系的性质源自法律；只因法律本是为规制人的行为而设，所以一切法律关系的意义唯有清晰明确，方可确定具体之行为。这具有重大的实践意义，称职的法官们对此早有高论：

1900 年，霍姆斯大法官在前引“泰勒诉登记法院案”中写道[27]：

> 一切程序正如一切权利，实际上皆系对人。至于其是否对物程序或对物权，则取决于受其影响的人数多寡。[28]

[26] 这种将法律概念与非法律概念混为一谈的普遍而又有害的倾向，参见拙文：《司法推理中应用的若干法律概念》，第 16、20 页以下。

[27] (1900) 175 Mass., 71. 76.

[28] 比较大法官霍姆斯在同一案件中的下述意见：“这些符号曾在海事诉讼中使用，这的确是历史事实；然而对物程序却仅对有限的几种请求适用，诸如保障损害赔偿、索取薪金、海上救助等，这也是历史事实。但船舶不是人，即无所谓过错，也不能订立合同。称船舶构成侵权，不过是下述事实的隐晦表述而已：某些人实施了侵权行为，而你却将该行为视为船舶之行为。至于其他请求为何不采取此种执行方式，其实也全无道理可言。若因船主的过错而请求对全船有关利益加以执行，那么对此采取同样的执行方式在法律上也毫无障碍。之所以在司法实践中未如此执行，只不过是因立法者尚未对此行使其权力而已。你若不同意我的上述观点，那只表明你将船舶在法律上的独立人格这一拟制(fiction)当真了。”(第 71、77 页)

1905 年，马克伯大法官也在《法律要义》中写道[29]： 76

> 我们若在字面上理解“对物”一语，并在头脑中将权利因之而存在的那个物当成能够承担某种义务的法人，我们就只能永远糊涂下去。[30]

本文坚信，一切对物权皆系对人，这可不是在几个同样有效的表达方式或定义中厚此薄彼，而是唯有如此才能保持逻辑上的同一。下面举几个例子来说明上述观点。设甲乙二人分别为两块土地的所有权人。再设以某甲实际给付某丙 100 元为对价，[31]二人订立合同，约定某丙不得进入某乙之土地。显然，

---

29 马克伯：《法律要义》，第 165 节。

30 其实想证明一切权利或请求权皆系对人，还有一个更简单的办法：只需证明一切义务皆由人所承担即可。而后者也如“一切权利皆归属于人”这一命题一般一目了然。

比较马克伯：《法律要义》，第 163 节：“我以为，将法律分为人法与物法，主要是为了便于安排著作或法典中的论题。对此，我后面还会详细谈及。但这里必须指出的是，布莱克斯通对此分类所使用的术语稍加改动，却是犯了大错：他所谈论的不再是人法与物法，而是人的权利与物的权利。所谓人的权利故属毫无疑问，一切权利皆是如此。此外尚有对人的权利、对物的权利，而与人的权利相对应的所谓物的权利，即归属于物之权利，却绝不可能存在。”

并比较亨肖大法官(Justice Henshaw)在“西部保险公司诉皮尔斯伯旦案”(*Western Indemnity Co. v. Pillsbury*, 1915, 170 Cal., 686, 719)中的意见：“又有所谓‘工伤造成之损害不应由人负责，而应归咎于工业自身’的说法。说起来动听，其实却是颠倒黑白。正如那些巧言令色、邀买人心的口号一般。后者可谓不胜枚举，譬如‘人权优于财产权’便是一例——仿佛财产可不依赖其所有者而能独自拥有权利似的。所以，一切财产权皆是不折不扣的人权。”

31 对价实际给付某丙后，某丙对某甲的允诺便生合同效力；当然，这与某丙原本就对某乙负担的相似义务是两回事。

77 某甲关于某乙土地而对某丙拥有的权利乃是对人权，因为某甲对某丙之外的其他人并不拥有关于某乙土地的相似权利。另一方面，某甲关于自身土地对某丙之权利则系对物权，因为该权利仅系某甲对丙、丁、戊、己诸人的一系列就其根本而言相似的权利之一。那么显然，某甲关于自身土地对某丙的权利，本质上与其关于某乙土地对某丙的权利皆具一般性。而后一权利只是外观上有所不同，即其“伴生”(companion)了一系列虽有所不同却又就其根本而言相似的权利。所以，对人权的伴生权利一般来说为数有限（假如确有伴生者），而对物权却总有大量“伴生”权利。

既然承认了某甲关于某乙土地的权利为对人权，即针对某人的权利，那么某甲关于自身土地的权利难道不也具有同样的性质，不也应当被承认为针对某人的权利吗？若非如此，对物权还能是什么？还能怎样理解、描述或界定此权利呢？

若就某甲自身的土地而言，某甲除拥有针对丙、丁、戊、己的权利或请求权之外，尚有支配、使用该土地的诸多法律特权，那么这些特权是“关于土地、在土地之上或针对土地”的吗？也许有人会指出，即使就某乙的土地而言，某甲也同样对某乙（该土地所有权人）之外的丙、丁、戊、己诸人享有相似的特权。但真正切题且有力的回答则是，现在讨论的只是非特定权利或请求权，而不是非特定特权，后者留待下文再作分解。[32] 现在只是顺便指出，将法律特权与法律权利或请求权“杂糅一体”“混为一谈”的做法无疑是对把“对物”当作“关于某物、在某物之上或针对某物”的误解难辞其咎的。

---

[32] 参见本书下文，第 96—101 页。

既已明了上述原因，自不难发现下引法学著作或司法判决都或多或少存在问题：

1874 年，利克（Stephen Martin Leake）在《土地所有权法》（*Law of Property in Land*）中写道：

> 法学在严格的法律意义上使用权利这一术语，并将其分为对物权与对人权两类，即民法法系所熟知的 *jura in rem* 与 *jura in personam*。
>
> 对物权或 *jura in rem* 以物质实体为对象，诸如土地、货 78
> 物之属，权利人可依对物权随心所欲、不受限制地使用或处分该物。此类权利令所有其他人普遍负担了那种相关的消极义务，即不得干涉权利人的上述行为，法律正是通过强制此项义务从而保障与确立了权利。但此权利却不能对任何特定人产生任何积极义务，也不能为占有和享用物之利益而请求他人为任何行为。
>
> 对人权或 *jura in personam* 则有所不同，此类权利以特定人的行为或履行为对象，诸如付款、发货之属。此类权利对特定人产生了实施规定行为的积极法律义务。权利的行使或享用依赖义务的履行，并依靠法律对违约行为所设救济进行保障……
>
> 对物权或 *jura in rem* 因对物或物质实体的使用与处分方式（权利便由此构成）而异……[33]

33 利克：《土地所有权法》，第 1、2 页。

这位大学者的著作为法科学生所熟知，虽然总体上堪称条理清晰、用词准确，却也不幸地将“对物”理解为“针对某物”；看来他的误判至少部分出于将法律特权与法律权利混为一谈。非但如此，上述误判还导致了新的失误：为迁就“对物权”（非特定权利）这一表述，而将此类权利毫无例外地与物质实体联系在一起。这样一来不仅排除了与人身有关的对物权或非特定权利，更把专利、版权等利益拒之门外。最后，这位大学者还误以为对人权皆属积极权利，其实上文早已指出确有消极对人权存在。

1916 年，比尔（Joseph Henry Beale）教授在《法律冲突论》（*Treatise on Conflict of Laws*）中写道：

> 权利的本质——法律的首要目的就是创设权利，而法律冲突的核心任务则是确定权利赖以产生的法律。当然，在开始研讨法律冲突的实际案例前，还须仔细研究权利的本质……
>
> 既然我们有幸拥有如此多的词汇表达这些观念[法和权利]，就更要充分理解这些词汇的含义。
>
> 权利可被定义为法律所承认的某人或某物之内、之上或
> 79 针对某人、某物之利益。[34]

---

[34] 比尔：《法律冲突论》，第 139 节。人们都会同意比尔教授的下述意见：为了准确地思考和正确地解决法律冲突问题，必须对法律权利和其他法律概念形成完整、一致的概念；显然，这位大学者对法律冲突问题的推理及许多论证、结论都自然而然地直接立足于对“权利”的“预研”以及其所设想的“静态权利”（static rights）与“动态权利”（dynamic rights）之上。

1903年，蒂凡尼(Herbert Thorndyke Tiffany)在《现代不动产法》(*Modern Law of Real Property*)中写道：

> 代理权令已被任命的代理人能够以本人的名义替代本人从事交易或其他行为。然普通法上虽有此权限(authcrity)，
> 却与本案中的权力(即财产处理权)迥然有别。因为获得授权 80
> 者只能为代理人，他可依授权而代替本人实施行为；此权力不因代理权而产生，而是来自随后的授权，即来自本人。代理权

然而，比尔教授的"静态权利"概念是否清晰、一致却颇为可疑：他将此概念解释为"法律所承认的某人或某物之内、之上或针对某人、某物之利益"，这令我们更加质疑他有关法理学与法律冲突领域的某些论证与结论。

"静态权利"有时看似纯属不依赖法律而存在的实际"利益"。这从他所引用的加赖斯(Karl Gareis)给"利益"所下的定义就可见一斑。不仅比尔所引字句，就连加赖斯原著中的话也将此表露无遗："利益乃一事实，其直接产生于利己主义，其实便是纯主观感受中的关系。"参见加赖斯：《法律科学导论——法律的体系化研究》(*Introduction to the Science of Law: Systematic Survey of the Law and Principles of Legal Study*, trans. Albert Kocourek, 1911)，第31页。其实比尔教授本人在该书所引的定义中也是将"权利"定义为"利益"而非保护利益的法律关系：然而事实上的利益与法律对该利益的承认(即请求权与特权之属)存在明显的区别，而这对解决法律冲突问题至关重要。

然而，该书第141节却又写道："静态权利，即通常所谓的既得利益(vested interest)，乃是法律所保护的对人或对物之利益。此种利益不受限制地存续，因此作为对该利益之保护的权利也应如其所保护的利益一般具有永续性。所以，静态权利始终存在，除非利益的载体消失，或法律自身采取特定的行动终止此权利。"

从这段话中首先可以得知，"静态权利"乃是利益；然而再往下看，却又发现"权利"有别于"其所保护的利益"；接下来我们又看到"静态权利始终存在，除非……法律自身……终止此权利"。

类似突兀而又困难的跳跃还见于第142节："我们已经知晓，静态权利乃是某人对某物或他人的利益；此权利由法律创造，且其一经创造便永久存续，除非适当的法律终止此权利。我们接下来将会了解到，创造此权利的法律也通过创设一系列作为保障手段的权利来维护此权利；利益的所有或占有者靠这些权利保障其原有权利免受他人的干扰与破坏……静态权利应被视为有别于其赖以存在之保障措施的法律实体。"

> 只产生合同关系——对人权，一切委任合同皆然；而本案中的这类权力或多或少包含着支配土地之内容，令获此授权者拥有专属性的对物权。[35]

这位大学者的真意并不明显，但似乎让与土地之代理权力若长期存在，也就与同样让与土地的所谓“财产处理权”无甚差别了。诚然，代理人承担着其代理权遭本人“撤销”或剥夺的责任，而财产处理权人则不对任何人承担此责任。但是，此区别纵然重要，却也绝非所谓代理权“只产生合同关系”，而财产处理权则“令获此授权者拥有专属性的对物权”云云。其实，代理权的设定并不必然在代理人与本人或他人之间产生合同权利。[36] 真相看起来是，财产处理权较大的“持久性”令作者发现了较强的“附着性”(adhesiveness)或“固定性”(thingness)，从而使用了本文所批评的不恰当术语。上引文字还须结合有关对人豁免与对物豁免的问题再作进一步的批判。

1828年，普卢默法官(J. Thomas Plumer)在“迪尔勒诉霍尔案”(*Dearle v. Hall*)中写道：

> 他们声称对受托人不负告知义务，只因告知并非转让信托利益之要件。我承认，若你与他人是合同关系，自然不必告知；合同一经订立，对方人身便受合同拘束。但若更进一步，合同涉及你附着于物的权利，则必须履行告知义务；且非经告知，任

35　蒂凡尼：《现代不动产法》，第273节。

36　参见赫夫克特(Ernest W. Huffcut)：《代理法要义》(*Elements of the Law of Agency*, 2nd edn., 1901)，第10节。

何转让动产之行为皆属无效……是以权利非经告知则不完满，不足以构成完**整的对物权**，而仅系针对买受人的权利。[37]

上引案例中的对人豁免与对物豁免的问题，尚待进一步的探讨。 81

1857 年，卡廷大法官（Justice Cutting）在“雷丁顿诉弗莱伊案”（*Redington v. Frye*）中写道：

但转包人**对财产所有权人并无请求权**，其请求权只是**对财产**（对物）以及雇主的人身与财产（对人）而言。[38]

引用上述法学著作与司法判决，显然是为了展示那种我们屡见不鲜的对术语不认真、不精确的用法，进而澄清因之而生的思维混乱。作为对照，接下来要引用的法学著作与司法判决中的内容展示了更加精确的思维与表达方式。既然奥斯丁的**法理学**著作第一次为英语国家的法律人与学者树立了正确使用“对物权”与“对人权”这对术语的榜样，他的语言也具有重大的典范意义，那么我们不妨就从奥斯丁开始：

1832 年，奥斯丁教授在《法理学讲义》（或称《实在法哲学》）中写道：

下面将要解释的这种权利分类，可谓广为流传且相当重

37　(1828) 3 Russ., 1, 22, 24.

38　(1857) 43 Me., 578, 587.

要，更被古罗马的法学教科书作家当作谋篇布局的依据。此分类是将权利分为对物权与对人权。换言之，便是分为针对不特定一般人的权利与针对特定人或具体人的权利。[39]

82 “*jus in rem*”与“*jus in personam*”这对术语是中世纪民法学家的发明，甚至比这更晚……

“对物”一词表达的是权利的范围(*compass*)而非对象，即该权利针对一般人，而非对某物的权利。下文将会证明，许多对物权要么针对或关于某人，要么根本无对象可言(不论人还是物)。

“对人”一词就其“针对具体、特定之人”(*in personam certam sive determinatam*)这一含义而言，诚可谓晦涩、简陋。“对人”也如“对物”一般，表达的是权利的范围，即该权利针对的是某个或某些特定的人。[40]

---

[39] 罗马法学家对“对人权”(*jus in personam*)与“对物权”(*jus in rem*)这对术语的使用不及“对人之诉”(*actio in personam*)与“对物之诉”(*actio in rem*)广泛。比较克拉克(E.C.Clark):《罗马法史:法理学》(*History of Roman Law: Jurisprudence*, 1914)，第二卷，第711页:“罗马法中的对物权与物权——罗马法学家很少使用前者，而在出现这一术语的有限篇章中，‘*res*’皆表达有别于物之价值的物体自身。”参见乌尔比安(Ulpian):《学说汇纂》(32, 20. *Nullum quidem jus in ipsam rem habere, sed actionem de pretio*)。

那么显然，奥斯丁所谓“广为流传且相当重要”的分类指的是债(*obligatio*)与所有权(*dominium*)。比较奥斯丁:《法理学讲义》，第一卷，第383页:“‘对物权’与‘对人权’这对术语的创造者是想表达这种宽泛而又简单的差别;而罗马法律家则以所有权和债来表示这一区别——这对术语也正是其试图以科学、精确的方式安排所有权利与义务的基础。”并比较氏著:《法理学讲义》，第二卷，第773页:“本书前一部分已充分阐释了第一性权利最重要的分类。我曾提到古代法学家笔下的所有权和债之区别，而近代民法学家则称其为对物权与对人权。”

[40] 奥斯丁:《法理学讲义》，第一卷，第369、370页。

下面再从优秀法官的判词中摘引若干有关的内容，相信对进一步理解这对概念及其术语表达不无启发意义。

1871年，马克伯大法官在《法律要义》中写道：

> “对物权”这一术语相当有趣，若按字面意思理解，则甚属无谓。“对物权”与“对人权”一并作为罗马法中诉讼分类之基础，这一用途已见前述；下面再从优士丁尼(Justinian)的《学说汇纂》(*Digest*)中摘录两则以说明其含义。依法，因恐惧而为之举不受法律制裁。下面是对该条的评注：立法者在此设定的是一项一般性的“对物”权，而非专就某一类具体、特定人的恐惧而言，因此本条普遍适用于一切人(Book iv. tit. 2. Sec. 9)。依法，在欺诈之诉中，须指出谁是实施欺诈行为者，因其并非“对物”之诉。另一方面，又强调只需确定欺诈之人，而不必指出欺诈对谁而为，只因为(《学说汇纂》的作者写道)主张因欺诈而令受欺诈之人的交易无效属“对物”之诉(Book xliv. tit. 4. Sec. 2)。上述三例中的“对物”皆系副词，我以为，若以英文中的“一般”(generally)代替，也可表达几乎完全相同的含义。而在“对物权”一语中，“对物”为形容词，在英文中可表述为“一般权利”，但更清楚的表达应是“对整个世界之权利”：这便是“对物权”的真正含义。将其牢记在心，便无犯错之虞。[41]

41 马克伯：《法律要义》，第165节。

83 1883年，马尔基大法官(Justice Mulkey)在“瓦巴什·圣路易斯与太平洋铁路公司诉沙克利特案”(*W., St. L. & P. Ry. Co. v. Shacklet*)中写道：

> 生命与身体安全，不受过失、欺诈或暴力引起的人身伤害，乃是国家制裁所保障的公民第一性权利。上述权利针对的是一切人，因此有别于只针对特定的某个或某类人之权利。前者称为对物权，后者则系对人权。前一类权利不依赖合同，后一类则常因合同而生……
>
> 因此，本案上诉人业已亡故的被继承人便拥有一项对物权，或称一般权利(*a general right*)，若自身并无过失，则此权利便能令其免受不特定他人之过失所造成的损害，当然也包括上诉人在内……[42]

1886年，霍姆斯大法官在“霍根诉巴里案”(*Hogan v. Barry*)中写道：

> 毫无疑问，地役权可依口头协议设立(*Bronson v. Coffin*, 1871, 108 Mass., 175, 180)。若此表见协议(*seeming covenant*)是为当下用益订立，便能够依法转让或设定地役权——所谓能够，是指其被当作对物权对待，而不仅是人身事务(*personal undertaking*)——若实情却是此协议乃是出于同

42 (1883) 105 Ill., 364, 379.

时转让毗邻土地之目的而订立，则只能将此协议解释为让与(grant)。“言辞产生既得财产利益”(Plowden, 308)。因此，对土地创设且依附于土地的地役权也应伴随土地一并让与，而不论其在让与之际是否被涉及。[43]

1903年，霍姆斯大法官在“国际邮政公司诉布鲁斯案”(*International Postal Supply Co. v. Bruce*)中写道：

> 本案因合众国不能作为当事人而终止审理。在本案中，居于被告席的合众国的确并非设备的所有权人，但却因许可而占有(*lessee in possession*)该设备，且尚在有效期限内，故合众国对该设备拥有财产权利，即对物权。此权利尽管弱于所有权，但就其在许可期限内使用的权利而言，却与所有权并无二致。[44]

1904年，霍姆斯大法官在“巴尔的摩造船公司诉巴尔的摩案”(*Baltimore Shipbuilding Co. v. Baltimore*)中写道：

> 另一方面，这涉及合众国的土地利益。但其仅系后续条件(*condition subsequent*)，并无地役权或既得对物权。持有股票及允许合众国使用之债务仅产生纯人身义务……合众国对

43 (1886) 143 Mass., 538.

44 (1903) 194 U. S., 601, 606.

土地并无既得权利，而仅依据条件拥有对企业的人身请求权。[45]

84 1905年，霍姆斯大法官在“穆尔克诉哈莱姆铁路公司案”(*Muhlker v. Harlem R. R. Co.*)中写道：

> 原告所主张的系不动产，乃是对物权。原告称之为合同是想把此权利与宪法中有关合同之条款扯到一起。[46]

1913年，霍尔丹子爵(Viscount Haldane)在“爱登堡诉所罗门案”(*Attenborough v. Solomon*)中写道：

> 然而，本案最关键之处在于提出了一个与之大相径庭的命题。若我是正确的，则执行人根本不可能有权力执行剩余财产。执行人早就丧失了被赋予的作为执行人的财产权利，并依遗嘱成为受托人。他虽仍系执行人，却是因自身同意遗嘱之处分而被剥夺财产权利的执行人，而此权利恰是他的职权依据(*virtute officii*)。故执行人的对物权、财产权利转化为(*transformed*)对人权——通过适当的程序从其他执行人手中恢复对财产的占有之权利，假如后者以该财产负担的债务超出了遗嘱规定范围之外的话。[47]

---

45 (1904) 195 U. S., 375, 382.

46 (1905) 197 U. S., 544, 575.

47 (1913) A. C., 76, 85.

1914 年，霍尔丹子爵在“辛克莱诉布鲁厄姆案”（*Sinclair v. Brougham*）中写道：

> 在本案中确立对物权的困难显然在于现金的流通，多数案例皆无此情形。金元与银行纸币一旦在支付后进入流通领域，对支付者而言也就不复成为动产权利之对象。通常情况下，收款人在收取金元或纸币后并无过问之义务。其道理在于，此类动产乃是法律所承认之通货的组成部分，其转手并非仅系占有，而是产生了财产权利。若允许此类动产有非经法律规定的例外情形，则大大有碍商业活动……
>
> 而依普通法学说，通货的例外情形确有限制，不论盗赃、诈骗所得抑或因过失所付之款，只要借贷双方之关系未取代（*not superseded*）对物权，便皆可合法流通。[48]

1914 年，萨姆纳勋爵（Lord Sumner）在同一案件中写道：

> 相似案例对此皆作为动产处理。无疑，这些案例与本案
> 的区别在于，尽管财产标的权属无法确定，但动产上的权利却
> 不曾改变；而本案的情形却是，除现金外，哪怕我们愿意，也根
> 本无法适用严格意义上的“财产”一词，更遑论动产；无论储户 85
> 还是股东皆放弃了主张存款与股票归自身所有之权利，而代

48 (1914) A. C., 398, 418, 419.

之以对银行与企业的人身请求权(personal claims)。[49]

1916年,布兰代斯大法官(Justice Brandeis)在“克里格诉威尔逊案”(*Kryger v. Wilson*)中写道:

> 若原告的过错尚未严重到令本院对其采取行动,则本院将仅就土地之上的权利做出判决,而不触及原告因合同而具有的任何人身权利。[50]

(二)非特定权利或请求权(对物权)并非总与某物(有体物)有关:若读者理解上文的论述,则必能明了:将对物权当作针对某物的权利就其本质而言十分不妥,这样做败坏了原本恰当的术语,并且终将造成混淆与误解,因此理应抛弃这种做法。接下来需要直接、具体强调的是另一重要方面(其实上文已顺便提及):对物权并不必然关于或涉及某物(有体物)。尽管利克教授以及其他对基本法律概念从未或鲜有关注的学者皆信之不谬,实则大谬不然。对物权(非特定权利)这一属概念包含下述几种情形:(1)与特定有体物有关的非特定权利或请求权,譬如土地所有权人令其他任何人皆不得进入之权利,或动产所有权人令其他任何人皆不得对该动产(不论是马匹、挂表还是书籍)造成物质损害之权利;(2)与特定有体物或(有形)人身皆属无关的非特定权利(请求权),譬如

---

49 (1914) A. C., 398, 458.

50 (1916) 242 U. S., 171, 177; 37 Sup. Ct. Rep., 44, 35.

专利权人令其他任何人皆不得制造专利产品之权利或请求权；(3)与权利人自身有关的非特定权利或请求权，譬如令其他任何人皆不得殴打或限制其人身自由(如“非法拘禁”)之权利；(4)特定人享有的与他人有关的非特定权利或请求权，譬如父亲令女儿不得自尽，或丈夫排除有碍其家庭和睦之伤害的权利；(5)与(有形)人身或有体物皆无直接关系的非特定权利或请求权，譬如令他人不得公开诽谤之权利，或令他人不得公布其肖像之权利——有些(而非全部)州承认的所谓“隐私权”。

由此可见，对物权或非特定权利有的直接与物体有关，有的直 86
接与人身有关，还有的与有体物或人身皆无直接关系。

然而必须注意的是，博学法官们经常使用“物权”(*jus in re*)这一更加具体的拉丁词汇表达那种直接与有体物——诸如土地、船舶之属——有关的对物法律关系(即非特定的权利、特权、权力与豁免)。但古代罗马法学家所使用的表达方式却几乎毫无例外地是与“他物权”(*jus in re propria*)相对的“自物权”(*jus in re aliena*)这一尤为具体的词组；而相对抽象的“物权”一词主要为近代民法学家所使用，尤其是与被称为物权取得权(*jus ad rem*)的对人权相对称。[51] 以下所引当代优秀法官对该术语的使用，特别值得我们认真给予批评性的审视：

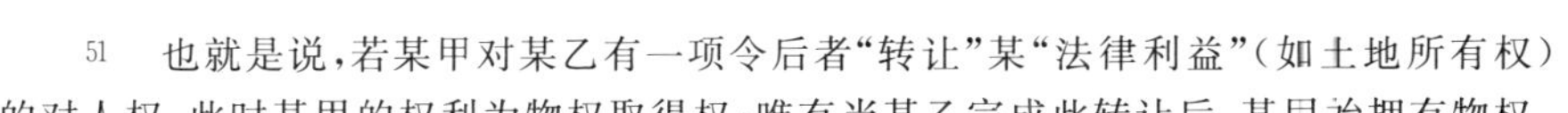

51 也就是说，若某甲对某乙有一项令后者“转让”某“法律利益”(如土地所有权)的对人权，此时某甲的权利为物权取得权；唯有当某乙完成此转让后，某甲始拥有物权。

当“物权”与“物权取得权”这对术语用以解释用益(uses)和信托时尤其有趣，参见《培根论用益》，第5—6页；《柯克论利特尔顿》，第272页。上引两文献皆为《司法推理中应用的若干基本法律概念》所引用(注释1、2)。

1871 年，马克伯大法官在《法律要义》中写道：

> 必须认真区分对物权与(所谓)物权(real right)。物权乃是具体物上的权利(也就是自物权，详见下文)。那么所有权既是物权也是对物权；而人身安全权虽属对物权，却非物权。[52]

1914 年，达尼丁勋爵(Lord Dunedin)在前引“辛克莱诉布鲁厄姆案”中写道：

> 关于动产的案例非常简单：若店主本应送货至某甲家却误至某乙家，则应对某乙提起返还原物之诉。此类诉讼可基于财产权利而轻松成立。若使用罗马法中的术语表述，便是须有对物权存在。在我看来，凡有对物权之处，提起合乎条件的普通法诉讼便毫无困难。但当我们面对罗马法中所谓的种类物，尤其是处理货币问题时，普通法诉讼所依赖的对物权就可能荡然无存。某甲误以为其与某乙存在债务关系而对后者付款就属此种情形。普通法正是为适应此类案例才演化出了关于货币给付的诉讼类别。[53]

87 1914 年，金尼尔勋爵在“苏格兰银行诉麦克劳德案”中写道：

---

[52] 马克伯：《法律要义》，第 99 页注释。

[53] (1914) A. C., 398, 431.

> 但要将韦斯特伯里勋爵所说的债务扩展到包括丝毫不影响债务人物权的人身债务之上，在我看来就过于夸张了。不难证明，任何涉及财产或现金的债务皆包含履行不能时的责任。既然如此，那么尽管物权无效，责任却仍如信托般得到良好的保障。[54]

1855年，柯蒂斯大法官（Justice Curtis）在"年轻机械工案"（*The Young Mechanic*）中写道：

> 但我首先关心的是，若立法有意在一般海事法上对外国船舶设立一项留置规定，则其赋予了留置权人何种权利与利益？
>
> 尽管我们早已了解海事留置（admiralty liens）的性质，但无论英格兰还是该国皆不曾充分、详细地对其做出描述。显然，海事留置因不依赖实际占有而与普通法上的同名制度不尽相同（*The Bold Buccleugh*，22 Eng. L. & Ec. 62；*The Nestor*，1 Sumn. 73）。海事留置与衡平法上之留置的区别也属一目了然，后者产生于法定信托，它既非物权取得权，也非物权，而只是一项拘束物之所有人的义务，并由衡平法院具体保证其履行（2 Story's *Eq. Jurisp.* §1217；*Ex parte Foster*，2 Story，R. 145；*Clarke v. Southwrick*，1 Durtis，299）。……
>
> 在我看来，波蒂埃（Robert J. Pothier）将海事留置定义为

54 (1914) A. C., 311, 324.

担保合同符合我国法律的准确描述："债权人有权占有他人之物，此权利就表现为通过拍卖该物而以所得价款使其债权受偿。故此权利属物上之权，即物权。"（也参见：Sanders's *Justinan*，227）……

至于留置权人可否先自行留置财产再经司法拍卖，抑或二者皆须申请法院实施，这对于其是否获得救济而言固属重要，但却无碍其最终和最根本的权利……

尽管法律在技术上规定此权利的行使须经法院并赖司法拍卖执行，但海事留置权却如质权及受托人留置权一般属物上之权。中世纪法律家皆熟知物权与物权取得权，据说以此将权利划分为物权与人身权正始于那时（Sanders's *Intro. To Just.*，p.49）。物权是物上的权利或财产，对所有人皆有效。而物权取得权则是令某人或某些人为某行为的有效请求权，行使此权利的效果便是取得物权（Pothier，*Traité du Droit de Domaine*，ch. Pretences；Hugo，*His. du Droit Rom.* vol. 1，p. 118）。……

因此本人的意见是，本地法对船舶设置了留置权，此权利
88 不因船主的死亡或破产而消灭，故应维持地方法院原判。[55]

1900 年，富勒首席大法官（Chief Justice Fuller）在"'卡洛斯玫瑰'号[船]案"（*The Carlos F. Roses*）中写道：

---

55 （1855）2 Curtis，404，406，410，411，412，414.

> 因捕获(capture)行为在捕获时对捕获物上之财产利益享有的权利不受秘密留置或当事人私下约定之影响。因此捕获法庭拒绝考虑压船借款、抵押、补给及提单诸事由。签发提单只是转让了物权取得权,却并不必然转让物权。物权或对物权意味着绝对支配——不受与他人任何具体关系影响的所有权。而物权取得权的基础却是他人引起之债(Sand. *Inst. Just.* Introd., xlviii; 2 Marcade, *Expl. du Code Napoleon*, 350; 2 Bouvier, Rawle's Revision, 73; *The Young Mechanic*, 2 Curtis, 404)。
>
> 因申请人并未取得对物权,故依权威性通说,捕获权优先。[56]

1870 年,福斯特大法官(Justice Foster)在"雅各布斯诉克纳普案"(*Jacobs v. Knapp*)中写道:

> 依法,"凡从事采伐、运输、加工原木、木材、木料业务者,享有与其业务有关的留置权;此权利优先于除为完税而设之留置权外的其他请求权;留置权的行使期限为自业务完成之日起六日之内,为行使此权利可对有关财产进行扣押"。
>
> 普通法上为技工、制造商及其他劳动者设定的留置权"既非物权取得权也非物权。换言之,留置权既不是物上财产权,也不是对物行为权:而仅是一项担保",其源自"普通法上允许

56 (1900) 177 U. S., 655, 666.

> 合法占有对其付出金钱与劳动之物，直到物之所有权人履行其义务为止的一般原则”。……
>
> 众所周知，留置权乃是一项人身权，唯有物之所有权人或经其授权者方可设定此权利。纵然法菲尔德(Fifield)与被告订立之合同约定前者对木材拥有留置权，原告也并不因此而有留置权。依普通法，原告作为法菲尔德之债权人，不得对法菲尔德因留置而占有的财产进行扣押、拍卖(*Lovett v. Brown*，40 N.H.，511)。因担保劳动报酬而设的留置权也无从让与(*Bradley v. Spofford*，23 N.H.，447)。……
>
> 关于留置之立法扩张了特权的范围，否则依普通法，唯有业务受托人本人始能为保持占有而扣押财产，此类案例可谓不胜枚举；但纵然如此，为第三人之利益而扣押被告财产也实
> 89 属匪夷所思，因为法菲尔德从不曾与原告订立合同，所以他并非享有扣押财产权之债权人……[57]

上引福斯特大法官的判词似乎值得推敲。若普通法上技工、制造商及其他劳动者的留置权由“保持”对该“物”的占有之“权利”构成，或者用福斯特大法官独特的术语表述则是保持占有之“特权”，那么此“特权”当然与“物”有关。非但如此，此特权还是非特定特权或对物特权，不仅针对动产所有权人，也针对其他任何人，并与后者的无权利相关。上述非特定特权直接与客观之“物”有关，属广义“权利”。因此，我实在无法理解何以不能称之为物权。

57 (1870) 50 N.H.，71，75.

因为“物权”一词当不限于专指请求权，上引柯蒂斯大法官的判词业已澄清了此点，他对普通法留置权的理解也与福斯特大法官大相径庭。同样清楚的是，留置权人通过对物的占有，便有了令一切其他人皆不得干涉他占有或损毁占有物的对物权；因此仅就“物权”的字面含义而言，将留置权称之为物权并无不妥之处。诚然，留置权人一旦放弃占有，则他（对所有权人）的特权和对所有权人及其他人的请求权立即丧失；但只要上述关系存在，就始终与物有关，显然不能因该权利可能丧失便不承认上述事实。

前引马克伯大法官的著作以及金尼尔勋爵、柯蒂斯大法官的意见则展示了那些与物——土地、船舶之属——直接有关的对物权。这些权利有时不被称为 *jus in re*，而是使用了“物权”这一术语，其字面含义当然也是与物有关。此种意义上的“物权”恰同与物有关的对人权相对。譬如，若某甲为马匹的所有权人，其便有“物权”（*jus in re* or *real right*）；而某乙若与某甲订立将前者的马匹转让给后者之合同，则某甲便拥有一项有时被称为“物权取得权”的人身权。那么在严格意义上，物权既不包括对人权，也不包 90
括与物或有体物并无直接关系的对物权。对此，请参考下引文献：

1914 年，克拉克教授在《罗马法史：法理学》中写道：

现代民法学家有时将 *jura realia* 与 *jura personalia* 作为对物权与对人权的形容词形式，但却仅限于财产法领域。[譬如迈科迪：《罗马法手册》，第 15 节；奥斯丁在使用这对术语时则不受此限制（《法理学讲义》，第一卷，第 184 页）。]这至少是萨维尼（Friedrich Karl von Savigny）赋予 *jura realia* 的

意义，以德文表达则是 dingliche Rechte。[《当代罗马法体系》(*System des heutigen Römischen Rechts*, 1840)，第一卷，第 369 页：一切可存在于物上的权利……我们便统称之为物权。][58]

1855 年，柯蒂斯大法官在前引“年轻机械工案”中写道：

中世纪法律家皆熟知物权与物权取得权之差别，据说以此将权利划分为物权与人身权正始于那时(Sanders's *Intro. To Just*. p.49)。物权是物上的权利或财产，对所有人皆有效。而物权取得权则是令某人或某些人为某行为的有效请求权，行使此权利的效果便是取得物权(Pothier, *Traité du Droit de Domaine*, ch. Pretences; Hugo, *His. du Droit Rom*. vol.1, p.118)。[59]

1914 年，金尼尔勋爵在前引“苏格兰银行诉麦克劳德案”中写道：

但要将韦斯特伯里勋爵所说的债务扩展到包括根本不影响债务人物权的人身债务之上，在我看来就过于夸张了。不难证明，任何涉及财产或现金的债务皆包含履行不能时的责

58 克拉克：《罗马法史：法理学》，第二卷，第 718 页。

59 (1855) 2 Curtis, 400, 412.

任。既然如此，那么尽管物权无效，责任却仍如信托般得到良好的保障。[60]

纵然像上文那样严格限定，“real”与“personal”这对术语也难令英语国家的律师和法官称心，因为这些词汇早已被专门用于各种彼此有别且相互独立的类别并始终如此使用。譬如，“不动产”（*real* property）与“动产”（*personal* property）这一分类的依据就同“物权”与“人身权”的划分标准大相径庭——后一对权利分别可以是“动产”关系或“不动产”关系。非但如此，“人身权”这一术语的内涵尤其容易误导读者，因为其字面含义令人猜想此类权利
以（权利人或他人的）人身为对象。幸好“物权”与“人身权”这对术 91
语并不常见于司法判决和法学著作之中。然而同样不幸的是，法院却经常使用与之含义相似的术语，即将“人身权利”或“人身请求权”与“财产权利”“土地权利”及“物上利益”相对称。[61]

最后，令人遗憾的是，尽管法官们不曾犯过下述错误，但确实有学者把“物权”与“人身权”这对术语同一切对物权（不论是否与物或人身有关，甚至与二者完全无关）与一切对人权画了等号，并以前者表达后者的含义。但愿英语法律界对这种罕见的误用千万

60 (1914) A. C., 311, 324.

61 参见前引霍姆斯大法官在“霍根诉巴里案”“国际邮政公司诉布鲁斯案”“巴尔的摩造船公司诉巴尔的摩案”以及“穆尔克诉哈莱姆铁路公司案”中的意见，布兰代斯大法官在“克里诉威尔逊案”中的意见，萨姆纳勋爵在“辛克莱诉布鲁厄姆案”中的意见。

关于“人身权”这一术语的用法，另参见霍姆斯大法官近期在“南太平洋公司诉詹森案”（*Southern Pacific Co. v. Jensen*, 1917, 244 U.S., 205; 37 Sup.Ct., 524）中的异议。

莫要司空见惯才好。

（三）一项非特定权利或请求权（对物权）只与一人的一项义务相关，而不是与非特定的一大类人中所有成员的多项（或一项）义务相关：前文在对基本概念与术语进行“预备性”解释时已涉及此[62]命题，现在拟将其详细展开。只因我提出的上述命题无论与法理学著作还是部门法教科书中的解说皆相去甚远，故先将若干典型的相反观点立此存照：

1832 年，奥斯丁教授在《法理学讲义》（或称《实在法哲学》）中写道：

> 一切权利皆归属于人，乃是对他人作为或不作为的权利……
>
> 对物权的本质在于：
>
> 此权利归属于特定的某人或某些人，并因前者之利益而针对普遍或一般的其他人。此外，与对物权相关或相应的义务乃是否定义务。换言之，即不作为或容忍之义务……
>
> 人们普遍负担［与对物权］相关之义务。[63]

92 1871 年，马克伯大法官在《法律要义》中写道：

> 对物权归属之人可在法律许可限度内变更，但对物权的

62 参见本书前文，第 72 页以下。

63 奥斯丁：《法理学讲义》，第一卷，第 368、394、371、586 页。

那项相应义务之承担者却不会改变，因为所有人皆负担此义务。[64]

1880年，霍兰教授在《法理学要义》中写道：

权利要么针对特定的某人或某些人，要么针对不特定的所有人……从某些权利称作对人权而另一些权利称作对物权的不同表达之中便可看出端倪。[65]

1902年，萨尔蒙德次长（Solicitor-General）在《法理学》中写道：

一项物权对一般人施加了一项义务……物权的此项相应义务之效力范围并不确定，这令许多处理人身权案件的方式对其无从适用。[66]

1915年，斯通教授在《法与执法》（*Law and Its Administration*）中写道：

人可能拥有一项不加区别地针对所有社会成员的权利。

64 马克伯：《法律要义》，第91、99页。

65 霍兰：《法理学要义》，第139页。

66 萨尔蒙德：《法理学》，第202、203页。

> 即其拥有确保其人身或财产不受非法干预之权利，此权利普遍针对所有社会成员。[67]

1916 年，威利斯顿教授在《无体动产受让人的权利是普通法权利还是衡平法权利？》（“Is the Right of an Assignee a Chose in Action Legal or Equitable?”）中写道：

> 尽管普通法上的所有权基本上被视为一项对世权，但实际上所有权的确受到许多限制。在黑市横行的社会中，失窃动产的所有权人便会感到**其对世权**举步维艰。[68]

本文对上引文献中所持的观点不敢苟同，[69]我以为，并非某项权利与所有人负担的一项义务相关，而是存在众多相互独立且彼此不同的权利（不论是实有权利抑或潜在权利），且每一权利皆与某人的一项义务相关。仍举上文假设的例子，设甲、乙分别为一块
93 土地的所有权人，再设某甲以**实际给付** 100 元为对价与某丙订立合同，约定后者不得进入某乙的土地；同时某甲还分别与某丁、某戊订立了相同的合同。在此情形下，某甲对丙、丁、戊三人的权利显系对人权或特定权利。绝不会有人认为某甲只对丙、丁、戊拥有一项权利，而后者共同对某甲负担唯一或同一的义务。因为某甲

---

67 斯通：《法与执法》，第 53 页。

68 威利斯顿：《无体动产受让人的权利是普通法权利还是衡平法权利？》（30 *Harvard Law Review*，97-108），第 97—98 页。

69 另参见本文第一部分所引诸司法判决，第 82—85 页。

对某丙的权利独立于其对丁、戊的权利，某甲对某乙的权利与丁、戊毫无关涉；若某丙违约，并不意味着丁、戊也违反了他的义务，因为三人所负担义务的内容并不相同，否则丁、戊岂非（如某丙一般）负担了保证某丙不进入某乙土地的义务？纵然实情如此，三人的义务仍属彼此独立，除非丙、丁、戊负担着一项共同债务。也只有当后一假设成立时，方是单一权利与单一（共同）义务。若排除上述假设，那么在甲丙、甲丁、甲戊之间显然存在三组相互独立、彼此无涉的“权利-义务”关系。譬如，某甲若免除某丙对其所负的义务，便无异于为某丙创设了一项进入某乙土地的特权（当然是对某甲而非某乙而言）；但显然这对丁、戊并无影响。以上种种，始终如此。

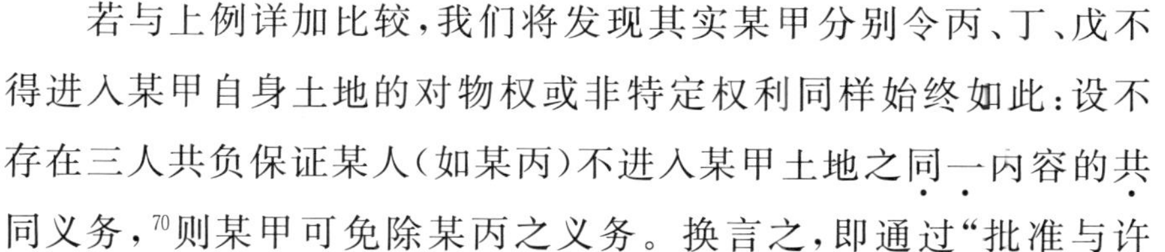

若与上例详加比较，我们将发现其实某甲分别令丙、丁、戊不得进入某甲自身土地的对物权或非特定权利同样始终如此：设不存在三人共负保证某人（如某丙）不进入某甲土地之同一内容的共同义务，[70]则某甲可免除某丙之义务。换言之，即通过“批准与许 94

[70] 但比较：*Thorpe v. Brumfitt*（1873），L. R. 8Ch. App.，650. 该案涉及对数名阻碍原告行使地役权之被告的诉讼。詹姆斯大法官（Justice James）写道：“除非原告证明障碍确实造成了损害，否则起诉便不能被受理。此案有别于侵入他人土地，后者无须证明损害便有诉权。而在本案中，我只能得出与店主同样的结论，即原告在店内之地役权的确受到了严重阻碍。阻碍通行者莫过于经常在其店内装车卸货。住店者若因货物装卸而无歇马之处，必舍此店而别就。原告称此障碍乃是由多人各自之行为造成，却并未证明后者对此障碍的造成分担怎样的份额。就原告的立场而言，这恐属强求。我也不认为原告应提供此证明。上述诸人所造成的障碍若单独来看，似尚不足以赋予原告诉权，但其总体上却已构成严重损害。正如某人将板车当街停放本无大碍，但若百人同为此举，势必造成重大阻碍，凡有权通行此街者皆可制止之。百人之中的任何一名皆不得以本人停车之举未对原告造成损害为辩解。”

可”(leave and license)赋予某丙进入土地之特权。此时丙、丁、戊、己等人各自所负义务当然继续存续一如往昔。

所谓一项对物权与“所有”人所负的“一项义务”相关云云，其实有多少义务人，便存在多少项相互独立且彼此不同的“权利-义务”关系。为说明此节，需对上述例子稍加改变，从对物义务或非特定义务的角度入手进行更抽象的演示：设某甲负担不得伤害乙、丙、丁或其他普通社会成员的义务。那么我们能否说某甲只是对众人负担了一项义务，[71]并且与此义务相关，乙、丙、丁与其他人只拥有一项权利？显然并非如此，因为上述任一独立权利的消灭皆丝毫无碍其他权利。譬如某乙威胁伤害某甲，则其令某甲不得伤害自身的权利便告消灭而代之以无权利。换个角度来看，也就是某甲对某乙之义务在此情形下得以免除，并被赋予了对某乙实施自卫的特权。该法律关系的此种变动却毫不影响存在于某甲与他人之间的迥然有别之关系。关于一切“权利-义务”关系的独立性与相对性，下引司法判决的阐述堪称精当、公允。

1908年，康纳大法官(Justice Connor)在“麦吉诉铁路公司案”(*McGhee v. R. Co.*)中写道：

> 根本问题在于，原告令被告不得在其棚屋内放置炸药这一诉讼请求实属毫无根据。原告唯有先与被告形成某种关

---

[71] 有人的确作如是观，参见波洛克：《法理学》，第64页：“毫无疑问，存在不与任何权利相关的义务：无论从哪个角度来看，我们对社会总体所负担的消极义务都确系此种义务。譬如我不得损害他人财物的义务便只是一项义务，而非对每人因其可损害之物而负担的数以万计独立的独立义务，该义务并不分别与大大小小的诸动产相对应。”

> 系，方可令被告对其本人承担一项义务。“‘义务’一词恰当地表达了特定人对谁负担债务以及谁负担此项债务。债权人与 95
> 债务人必须皆属确定，义务才能存在。”[72]

在下面的引文中，我们将看到一位备受尊敬的英国法官深具启发性的观点：他强调每一关于特定事由的“特权-无权利”关系皆具有独特性与相对性，其实这也同样适用于“权利-义务”关系：

1906年，柯林斯勋爵（Lord Collins）在“托马斯诉布拉德伯里与阿格纽有限公司案”（*Thomas v. Bradbury, Agnew, & Co., Ltd.*）中写道：

> 公平竞争权［特权］尽管为公众所分享，但对主张该权利［特权］的每一个人而言，却皆是他的一项个人权利（不论将此权利归入何种名目皆无关紧要），而包含恶意之竞争便无所谓公平可言。被告——仅是被告——怀有诽谤原告之目的，若能证实其恶意歪曲事实，这与他人对原告做出同样的批评却并无恶意之情形便是两回事。因为原告起诉的并非旁人，而只是被告。[73]

那么，若上引判词中的推理成立，下面的结论也就一目了然了：对物权或非特定权利应被正确地理解为一人所拥有的就其根

[72] (1908) 147 N. C., 142, 146.

[73] (1906) 2 K. B., 627, 638.

本而言彼此相似的大量权利之一;而上述权利中的任意一项皆与许多不同的人所负担的就其根本而言彼此相似的大量一般或普遍义务之一相关,且仅与其一相关。同理,对物义务或非特定义务也是一人所负担的就其根本而言彼此相似的大量义务之一;而上述义务中的任意一项皆与许多不同的人所负担的就其根本而言彼此相似的大量一般或普遍权利(请求权)之一相关。是以“对物权”这一术语不宜再表达某人对许多其他人拥有的各种独立权利或请求权之全体,而应专指诸多迥异权利之一,且仅限其一。就此而言,不论“对物权”这一概念及相应术语的结局如何,竭尽所能对其加
96 以分析,并慎思明辨其意义都至关重要;同时,“非特定”权利这一术语因并无任何歧异,无疑适宜于表达上述诸多权利之一——当然也只能表达其一。

(四) **非特定权利或请求权(对物权)不应与任何拥有此权利者关于同一标的之并存特权或其他法律关系混为一谈**:上文业已提到,非特定权利的确切性质之所以被严重混淆,不仅是那种将一系列就其根本而言彼此相似的权利或请求权当作一项权利的习惯使然,也是由于那种用“对物权”一词将非特定特权或其他法律关系一网打尽的惯性思维,当非特定权利涉及有体物时尤甚。

设某土地为某甲的世袭财产。则与之相关并被称为土地之有体物的“法律利益”或“财产”便是由一系列复杂权利(或请求权)、特权、权力及豁免所构成的集合体。[74] 首先,某甲拥有令他人不得

74 参见拙文:《司法推理中应用的若干基本法律概念》,第 21、24、59 页。比较福斯特大法官在“普利策诉利文斯顿案”中的“伴随所有权的一切权利、特权及权力”等语。另参见科宾教授的论文《要约、承诺及其产生的法律关系》,第 172 页。

进入该土地的法律权利或请求权，他人则负担与之相关的义务。其次，某甲享有数量不定的诸如进入、使用甚至损毁该土地的法律特权。换言之，除法律出于社会与经济目的所作的限制之外，某甲享有对其土地为所欲为之特权；凡与某甲上述特权相关，他人皆无权利。再次，某甲握有将其法律利益让与他人的权力，即消灭其复杂的法律关系集合体，同时为他人创设新的相似法律关系集合体；某甲还有权力为他人创设一项终生产业（life estate），同时为其自身创设一项期待权；此外还有通过“批准与许可”为他人创设进入其土地之特权的法律权力，诸如此类，不一而足。他人则承担与上述法律权力相关的法律责任。换言之，不论他人意愿如何，其有关法律关系皆受某甲行使权力行为的影响。最后，某甲享有数量不定的法律上之豁免——此处的“豁免”一词乃是在无责任或不受他人权力影响的意义上使用。某甲因此豁免于他人对其法律利益或 97
法律关系集合所做的让与，豁免于他人消灭其使用土地之特权的行为，豁免于他人消灭其令某乙不得进入该土地之权利（换言之，即为某乙创设进入土地之特权）的行为。凡与上述豁免相关，他人皆在法律上无权力。

就该土地而言，简言之，某甲为其自身创设了非特定或对物的“权利-义务”关系，非特定或对物的“特权-无权利”关系，非特定或对物的“权力-责任”关系，以及非特定或对物的“豁免-无权力”关系。要充分地分析财产权，必须对该法律关系集合中的所有元素做到心中有数。同理，也不可不求甚解地将诸法律关系类型张冠李戴。譬如，某甲的特权就与他针对特定人的权利或请求权泾渭分明，且此类关系完全可不依赖彼类关系而独立存在。因此，某甲可因某丙支付 100 元而同后者书面约定不进入本属于他的土地。然而，此时某甲却仍对某丙拥有令其不得进入该土地的权利或请求权，纵然某甲本人进入土地之特权已不复存在。另一方面，某甲对某丙当然享有进入某乙土地的特权，但因并未实际占有该土地，某甲对某丙却并无令其不得进入该土地的权利或请求权。

所有权人的权利或请求权必须与特权严格区分，这不仅是精确分析与阐释法律关系的需要，同时具有重大的实践效果和经济意义。人们有时认为某甲的权利或请求权乃是法律为捍卫或保障其对土地的物质性使用与享受而设，仿佛这种物质性的使用与享受便是唯一重要的经济因素。但稍加思索便能看出，上述理由远非充分。纵然土地完全闲置，某甲本人完全不曾对其加以利用，但某甲却仍有令他人不得使用该土地之权利或请求权——哪怕仅是不改变此土地物质性质的暂时使用，且使用人乐意对某甲所丧失的上述权利或请求权（同时也就是为他人创设使用、收益之特权）加以经济补偿。一位著名的英国法官对此早有高论：

98 1874 年，塞尔伯恩勋爵（Lord Selborne）在“古德森诉理查森案”（*Goodson v. Richardson*）中写道[75]：

> 有人认为，原告反对在其土地上堆放管材是以邻为壑，此等权利少有甚至绝无价值可言，若是议会亲理此案，定会对此权利不屑一顾。在我看来，议会将会如何并非重点，因为毕竟议会不曾审理本案。毫无疑问，议会在权衡个人权利与公共

[75] (1874) L. R. 9 Ch. App., 221, 223.

> 利益时比法院更加自由。但对于强调所谓原告浪费土地价值的观点，本院毫不含糊地认为，未经原告同意、未与原告协商而自原告土地获利的举动，纵然仅考虑经济利益，原告也有权力否定他人利用此土地的请求，故原告提出之反对有效。[76]

甚至深思熟虑如奥斯丁，也难免混淆法律特权与（请求权意义上的）法律权利，并屡次将物质上的力量与自由同法律特权与法律权利混为一谈。尤其因未能做出上述区分，他似乎忽视了（至少低估了）土地所有权人之“权利-义务”关系中的实践与经济因素，未看到前者乃是“特权-无权利”关系的保障。换言之，便是行使此类法律特权所需的物质上的自由与力量的捍卫者：

1832 年，奥斯丁教授在《法理学讲义》（或称《实在法哲学》）中写道：

> 不同权利之目的或目标千差万别。对物权的目的便是物，即权利人可对该物以如此这般的方式，并在这般如此的程度上加以处理或处分。为实现此目的，他人则普遍负担了不得实施破坏或干扰的义务……
>
> 正如我在上一讲中所提到的，一切对物权（不论其有无期限）皆为财产权或支配权（依我对该术语的理解），此权利令权利人对物具有不受限制的使用、处分之权力或自由权：所有权

[76] 比较皮特尼子爵（V. C. Henry Pitney）在“亨尼西诉卡蒙尼案”（*Hennessy v. Carmony*，1892，50 N.J.Eq.，616）中的意见。

> 人或业主完全可不依物之性质与用途而加以使用、处分；权利人（一般或个别地）仅受必须承担之（相对或绝对）义务的限制……
>
> 99 使用权及专有权对于其他一般人的不作为义务而言，乃是一回事。不受限制使用该物的权利或权力令其他人皆不得干扰所有权人的使用行为。而专有权利或权力则令其他人皆不得使用或染指该物。使用权与专有权不分彼此，侵害使用权往往同时侵害专有权。我一面阻挠你耕田或建房，一面又不侵入你的土地，这是不可能的事情。同样，我使用你的所有物这一企图（譬如在你的塘中捕鱼）同时既侵害了你的使用权也侵害了你的专有权。但侵害专有权却未必同时侵害使用权。譬如，我为抄近道而穿行你的土地，这固然损害了你的专有权，却丝毫无碍你的使用权。对专有权的侵害（仅限于对专有权自身之侵害）乃是因其可能对使用权及专有权造成的影响而被作为损害或侵犯。若不惩罚对专有权无实际损害结果的侵犯，可能会树立坏榜样从而导致无数次的侵权，最终令专有权与使用权皆成虚话。[77]

上引诸文献，尤其是在最后一则中，奥斯丁不加区别地使用“权利”这一术语，将法律权利（或请求权）与法律特权这两类法律关系混为一谈——这位苦心孤诣的博学作者曾认真地强调“‘权

---

[77] 奥斯丁：《法理学讲义》，第一卷，第 397 页；第二卷，第 799、802、808 页。

利'与'相对义务'乃是从不同角度描述同一概念",[78]那么上述失误就实在令人有些费解了。他对"权利"的上述界定显然排除了"法律特权",因为与后者相关者(即从"不同角度"描述"同一概念")毫无疑问正是"无权利"或"无请求权"。

就对物权而言,不同程度上混淆法律概念与术语的现象不仅可在法理学名著中找到,在部门法论文或专著中也屡见不鲜。[79]
其实部门法学家因另有专攻,故在法律概念的使用上往往唯奥斯 100
丁马首是瞻。下引诸文献将表明"对物权"这一术语是何等大而无当,由此也不难看出这种不严谨的用法对正确分析、清晰理解法律问题带来了多少麻烦。

1871 年,马克伯大法官在《法律要义》中写道:

> 在涉及甲乙双方的合同案件中,某甲要求履行合同义务的权利仅针对某乙一人;而在所有权案件中,占用、使用财产的权利却是针对一般人而言。上述两类权利的区别若以拉丁文表述,便是前者称作对人权,后者则称作对物权。[80]

1880 年,霍兰教授在《法理学要义》中写道:

78　奥斯丁:《法理学讲义》,第一卷,第 395 页。

79　当然,每位作者皆可随心所欲地"赋予"术语含义,假如他遵循的是下述原则的话:"'当我用一个词时,'矮胖子(Humpty Dumpty)非常轻蔑地说道,'表达的就是我想用它表达的意思,既不多也不少,刚刚好。'

"'但问题是,'爱丽丝(Alice)说,'你怎么能让一个词表达那么多东西呢?'

"'但问题是,'矮胖子说道,'究竟谁说了算?就这么简单。'"引自克罗尔(Lewis Carroll):《镜中奇缘》(*Through the Looking Glass*),第六章。

80　马克伯:《法律要义》,第 98 页。

权利要么针对特定的某人或某些人，要么针对不特定的所有人。譬如仆役请求劳动报酬之权利仅针对其雇主，而果园所有者排他性享用该果园收益之权利却并非仅对张三李四而言，而是针对一切人的。[81]

1902 年，萨尔蒙德次长在《法理学》中写道：

我和平地占有我的农场之权利乃是一项物权，整个世界都对我负担了不得干涉之义务……我有使用及占有我的房屋之物权……我也有下榻于客栈之人身权……[82]

1874 年，利克在《土地所有权法》中写道：

对物权或 *jura in rem* 以物质实体为对象，诸如土地、货物之属，权利人可依对物权随心所欲、不受限制地使用或处分该物。此类权利对所有其他人普遍产生了相关的消极义务，即不得干涉权利人的上述行为，法律正是通过强加此项义务来保障与确立权利。但此权利却不能对任何特定人产生任何积极义务，权利人也不能为占有和享用物之利益而请求他人为任何行为。[83]

---

81 霍兰：《法理学要义》，第 139 页。

82 萨尔蒙德：《法理学》，第 202—203 页。

83 利克：《土地所有权法》，第 2 页。

1887 年，艾姆斯教授在《未经告知的有偿买卖》（“Purchase for 101
Value Without Notice”）一文中写道：

> 物上财产权与债上财产权最明显的区别在于实现方式。房屋或马匹所有者对所有权的行使不赖他人之助，而债权人实现其债权的唯一途径便是强制债务人履行此债务。因此两类权利分别被称为对物权与对人权。[84]

1915 年，斯通教授在《法与执法》中写道：

> 需要指出的是，对物权与对人权的本质区别在于，对物权可不依赖他人的介入或帮助而行使，对人权却必须依靠强制债务人履行产生此权利的那项债务……对物权包括所有通常所称的财产权利，即对物的占有、使用、收益，此权利对整个世界皆属完满且可强制执行。[85]

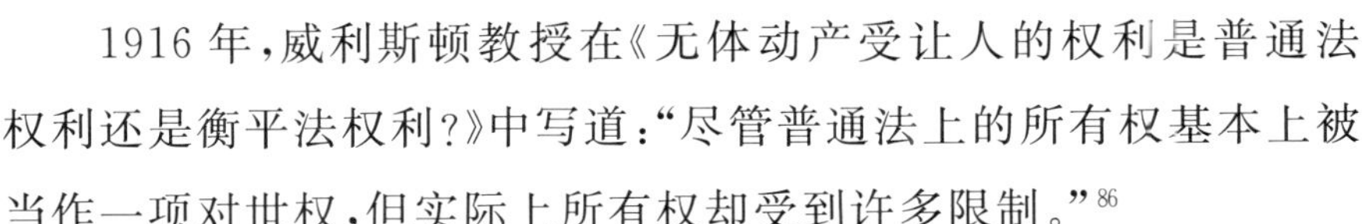

1916 年，威利斯顿教授在《无体动产受让人的权利是普通法权利还是衡平法权利?》中写道：“尽管普通法上的所有权基本上被当作一项对世权，但实际上所有权却受到许多限制。”[86]

（五）非特定权利或请求权（对物权）应区别于因其受侵而生

84　艾姆斯：《未经告知的有偿买卖》（1 *Harvard Law Review*，1887，1-9）。

85　斯通：《法与执法》，第 51、54、57 页。

86　威利斯顿：《无体动产受让人的权利是普通法权利还是衡平法权利?》，第 97—98 页。

的特定权利或请求权(对人权):仍使用前文假设的例子,某甲为土地所有权人,那么显然,若某乙侵占其土地并造成损害,则某甲立即便被赋予了一项新权利(或请求权),即令某乙支付一笔损害赔偿金的所谓第二性权利,当然某乙也同时负担了相关义务。若某丙殴打某甲,或某丁离间某甲夫妻感情亦同此理。在上述情形中产生的(譬如对某乙的)第二性权利或请求权,乃是对人权。这一完整的“权利-义务”关系乃是罗马法上称之为债的那类对人关系之一,具体而言,则属私犯之债(*obligatio ex dilecto*)。一位万众景仰的大法官曾对此做过阐述。

102 1904 年,霍姆斯大法官在“斯莱特诉墨西哥国家铁路案”(*Slater v. Mexican National R. R. Co.*)中写道:

> 一旦能够确定并证明斯莱特的死亡乃是刑法典第 11 条所规定的过失犯罪造成的,且仅有该条法律适用于此案,便产生了一项补偿权利受侵者的民事责任……国外的诉讼理论则认为……起诉行为产生了一项债……[87]

上述分析甚至还适用于非法剥夺他人有体动产占有权的侵权案件。设某乙非法对某甲的马匹加以占有及支配,这便产生了向某甲返还原物之义务,当然某甲则被赋予了相关权利。后者乃是特定权利或对人权,因为某甲对其他人并不享有就其根本而言与其相似之权利。尽管某甲对其他人仍有令其不得转让或伤害为某

[87] (1904) 194 U. S., 120, 125.

乙所占有之马匹的对物权，但与前者不是一回事。下引判词就说明了此点。

1900年，首席大法官霍姆斯在前引“泰勒诉登记法院案”中写道：

> 但有人说这并非对物程序。其实再没有哪个**词**遭到如此**严重的误用**了。过去对物程序无非是用以确定受侵**权利**属对物权。奥斯丁就曾认为必须援引莱布尼茨（Gottfriend Wilhelm Leibnitz）的观点来充分证明**一切救济权皆属对人权**。[88]

下文引用的文献将表明，对物权与因其受侵而生的对人权也并非总被分得一清二楚。

（六）**非特定的第一性权利或请求权（对物权）不应与此权利（以及因其受侵而生的第二性权利）的确权程序相混淆，或以为前者全然依赖后者**：因篇幅所限，该问题无法在此全面铺开，更详细的探讨尚待另撰一文。本文择其要者略作交待。

混淆第一性权利（无论对人权还是对物权）与其确权程序之性质的倾向至少有二，二者对形成那些本不该存在的谬见皆难辞其咎。两种倾向皆需稍加探讨。

首先，人们有时以为作为对物权标的物的有体物若遭非法占有，则权利人其可凭自助行为或借诉讼从过错方或过错方的买受 103

88 (1900) 175 Mass., 71, 76.

人、受托人手中，或自非法占有人处再次非法占有该物的过错方手中恢复对该物之占有。于是——

1890年，艾姆斯教授在《动产侵占》(Disseisin of Chattels)中写道：

> 然而，侵占他人土地仅系对人之诉，唯有发生实际损害方可作为案由成立。所以非法占有他人动产乃是比剥夺他人对土地之占有更为严重的侵害。我们已了解，所有权人之土地若遭他人侵占，总可借诉讼恢复其占有。物虽遭剥夺，而对物权犹存。然而，动产若遭他人褫夺，虽诉讼也不足以恢复其占有，因为对物权连同此物一并消失。非法占有人借侵权行为不仅获得了对物之占有，也一并取得了占有之权利。一言以蔽之，他夺走了动产上之绝对财产权……
>
> 今则不然，不管侵占者还是其买受人或受托人，也不论实际交付与否，皆无从取得所获动产的绝对财产权，这是人尽皆知之事。动产遭侵占者也如土地遭侵占者一般，并未丧失对物权。通过扩展临时归还(*replevin*)及收回受侵占动产(*detiune*)令状的适用范围，对人权就转化为物权，这种稍嫌文不对题的做法居然大行其道，实足令人惊奇……
>
> 然而，动产遭侵占者的对物权仍属名不副实之权利；因为临时归还令在英格兰从不得对侵占人之买受人或受托人适用，对后手侵占人也是如此。唯有通过扩展收回受侵动产之诉，动产受侵者方可取得完满的对物权。尽管收回受侵动产之诉是为救济具体动产而设，但其最初却系合同(*ex*

> *contractu*）之诉，仅针对受托人或出卖人。譬如在交易完成后于交付前对出卖人提起，至于受托人也是这般……
>
> 在非法占有存续时，动产遭侵占者显然并无实际享用该动产的权力。然则其有无转让此动产之权力？**若对其对物权加以分析，便会发现此对物权仅系通过取回**（*recaption*）**或诉讼恢复占有之权利**。[89]

从上述引文中不难看出，艾姆斯教授似乎以为所有权人在其动产遭侵占后唯有恢复占有该有体物之具体救济方可令其拥有对物权。然而，这恐怕是将实体关系与程序关系混为一谈了。设某甲为有体动产所有权人，且此动产遭某乙侵占，依当代权威观点，某甲对所有其他人皆拥有令后者不得损毁或“加工”该动产之权利，且此权利可视具体情形通过涉及该动产之诉讼或专门的追索侵占物之诉确立。此外，即使并未采取恢复占有之救济，某甲也显 104
然拥有上述非特定权利或对物权。

若仅依据引文，既然艾姆斯教授以为在侵占案件中，有关有物质实体的对物权必然包含恢复占有之救济在内，那么似乎他也不能明确断言当年实际占有动产之所有权人并无“对物权”；[90]显然无论如何，他都认为通过自助行为或诉讼恢复占有乃是“对物权”的本

---

[89] 艾姆斯：《动产侵占》（3 *Havard Law Review*，23-40；337-345），第25、28—31、33—34、337页。

[90] 比较艾姆斯：《动产侵占》，第314页以下，尤其注意下面的表述：“因此，真正的财产权可简单地定义为拥有不受限制占有权的占有。”此定义恐怕严重混淆了物质关系与法律关系。

另比较艾姆斯：《法律史讲义》（*Lectures on Legal History*，1913），第76页。

质所在。

然而，上述观点却远非充分与正确。纵然非法侵占行为实际上已剥夺了动产所有权人的法律利益，后者仍拥有令其他人皆不得损毁或褫夺该物的对物权，且此权利先在于对此物质实体之侵占以及由此而生的法律利益；此外，这类非特定权利或对物权可借侵占之诉或其他请求损害赔偿的诉讼确立，艾姆斯教授对此也不否认。[90a]换言之，动产所有权人只要拥有上述权利，该权利便属对物权，纵然在引文所涉及的时代（13 世纪中叶），侵占人握有借非法占有从而剥夺所有权人有关动产之法律利益的权力，所有权人也因此承担着遭后者非法占有之行为在实际上剥夺上述利益的相关责任。[90b]

剥夺普通法对物权[91]与衡平法对物权（以及其他归属此集合
105 的法律关系）的诸法律权力与相关法律责任，可谓历史悠久却又在根本上彼此相似。此类权力乃是法律出于不同的政策考量而设，每一权力背后之目的皆不难推断。此处只枚举数例：(1)将侵占物于市场上公开售予善意买受人之权力；(2)纵然是占有货币（当然并不因此而“所有”）的窃贼，也能够为善意买受人创设完满的权

90a　参见艾姆斯：《法律史讲义》，第 60 页注释 1，第 178 页以下。

有关司法界对侵占之诉早期历史的看法，参见：*Admiralty Commissioners v. S. S. Amerika*(1917), A.C., 38.

90b　［比较库克：《衡平法院的权力》，第 37、45 页。——编者］

91　若考虑到制裁问题，则名副其实且具有效力的普通法权利必属“普通法与衡平法上的相容权利”。参见拙文：《衡平法与普通法的关系》，第 537 页；另参见库克：《无体动产的可转让性——答威利斯顿教授》，第 449、455 页。

利[92]——之所以规定“于市场上公开”，乃是出于令货币自由流通的考虑，而若令付款人证明或收款人检验货币有无权利瑕疵，就太过苛求了，举国皆然，无足怪之；(3)出让人或后手受让人经登记后能够通过对作为善意买受人的后手受让人进行交付从而消灭前手受让人的利益；[93](4)某些案件中，代理商能够为善意买受人创设完满的权利；(5)某些案件中，经正式任命的代理人即使在其实际授权遭本人撤回后，仍能够向善意买受人出售动产；(6)受托人能够不经告知而向善意买受人有偿出让不受妨碍的“法律利益”——信托受益人在衡平法上的权利、特权之属便因此而告消灭。

之所以设立上述权力以及本应提及的其他权力，是基于确保交易自由以及财产在商业领域流转的公共政策。而规定下列权力之目的则有所不同：(1)普通代理人(其实际代理权限存续)能够消灭本人的对物权，并为代理人之买受人创设相应权利；(2)被赋予财产处理权的受赠人能够消灭财产所有权人的对物权，并为受赠人之买受人创设相应权利；(3)经任命的官员(一人或多人)在财产征用程序中能够合法转让财产；(4)经执行令授权的治安官能够剥 106
夺原所有权人的对物权，并授予他人相应的新权利；(5)法院在制定法规定的确权程序中，能够消灭原所有权人的对物权，并为原告

[92] 比较霍尔丹子爵在前引“辛克莱诉布鲁厄姆案”中的意见。

[93] 比较科曾斯-哈德利大法官(Justice Cozens-Hardly)在“首都银行有限公司诉罗得岛州案”(*Capital & Counties Bank, Ltd. v. Rhodes*, 1903, 1 Ch., 631, 655-656)中的意见：“交易之所以经登记而有效，乃是因其权力优先，而非由于业主业已登记的任何财产自身……土地虽经登记，但采取同样的举动仍将产生与登记前一般无二之效果，只不过有关土地之权利不再承担风险而已……经登记之业主被赋予了制定法上之处分权，抵押权人必须在登记时明确告知登记机关方可保障自身利益。”

创设相应的新权利；(6)法院在将此人权利“变更”(transfer)为他人权利过程中的其他各种权力。

通过以上例子不难看出，原所有权人拥有对物权以及其他权利，尽管也承担着因上述诸权力的行使而遭剥夺之责任。

其次，我们现在必须批判将对物权与其确权程序的性质纠缠在一起的另一倾向。在涉及衡平法上有无对物权（非特定权利）——也就是就物之本质而言，衡平法能否容纳对物权——这一问题之际，上述倾向表现得尤为突出。

1877 年，兰代尔教授在《衡平法诉讼概论》中写道：

> 普通法上的所有权人一旦将所有权有偿让与他人，而未告知对方标的上存在衡平法权利，则该财产上的衡平法权利便告消灭。其道理何在？在于上文所提到的衡平法管辖权之本质。所谓某人对其财产若无普通法权利，则其必为衡平法上之所有权人云云，这仅系比喻。所谓衡平法所有权、衡平法权利或衡平法财产其实只是对真正所有权人的一项人身请求权，由于衡平法对物本无管辖权，因此也就无法授予真正的所有权，而只有令所有权人履行交付之权力。[94]

1900 年，兰代尔教授在《权利和过错的分类》(“Classification of Rights and Wrongs”)一文中写道：

94 兰代尔：《衡平法诉讼概论》，第 184 节。

> 衡平法能够为促进正义而创设那些权利吗？**由于衡平法仅是在行使事实上的权力，所以什么都不可能创设**。此外，在国家创设之权利（即普通法权利）以外，似不应有任何其他实际权利。那么，若衡平法能够创设实际权利，则此类权利之存在必须得到国家所辖的每一法院的承认；然而衡平法所创设的权利除衡平法院之外，根本并无其他法院承认其存在。**因此，看来衡平法权利仅存于衡平考量之中**。换言之，仅是衡平法为促进正义而为之**拟制**。然而在衡平考量之中，此类权利 107
> 却真的存在，因为衡平本身便将此类权利当作真实的存在并依赖且运用之。[95]

1886 年，艾姆斯教授在《法律史讲义》中写道：

> 众所周知，数百年来信托一直可对除未经告知的有偿善意买受人外的一切持有信托财产者强制执行。但上述例外足以表明信托受益人不同于寄托人，其并无对物权。[95a] 毫无疑问，这一区别源自**普通法**与**衡平法**之间的**根本差异**。**普通法对物**。因此普通法对非法占有之判决便是令原告取回动

95　兰代尔：《权利和过错的分类》，第 673、677 页。有关兰代尔、艾姆斯、梅特兰诸教授对于衡平实体法学说与普通实体法学说之关系的观点，参见我在《衡平法与普通法的关系》一文中所做的分析与批判（第 537 页以下）。

另参见拙文：《衡平法与普通法的冲突》。［原作为《司法推理中应用的基本法律概念》一文的附注。——编者］

95a　对此种臆断的批评，参见本部分注释 22。

产或其价值。[95b]可想而知,普通法法官不会支持受托人自善意买受人手中取回被侵占物的请求,若后者在市场上公开取得此物的话的确如此。然而这一决定掺杂了同中世纪思维方式格格不入的伦理因素。但在实践中,要么仅允许寄托人起诉受托人,要么赋予寄托人向任何占有人追索的权利,根本没有中间道路可走。而衡平法只对人,并不会判决原告取回其物,而只会令被告交出其依正义所不应保有之物。[96]

1904 年,梅特兰教授在《信托与法人》中写道:

> 我以为,采纳那位伟大的美国法律教育家[兰代尔]的说法比较妥当与保险,即"衡平法若欲创设对物权,也无能为力;虽能为此,也不欲为"(Landell,1 *Harvard Law Review*,p.60)。[97]

引文中的假设原本缺乏坚实的基础,而其信徒却如此众多,实

95b 但参见大法官霍姆斯在前引"泰勒诉登记法院案"(1900, 175 Mass., 71, 76)案中的意见。

96 艾姆斯:《法律史讲义》,第 76 页。比较斯通:《法与执法》第 93、95 页:"普通法上之判决因仅涉及诉讼当事人之财产,故有时称为对物判决。此程序的不足之处也如其优点一般一目了然。唯有当其权利确实受侵并产生某些普通法承认的损害之际,当事人才能获得普通法的救济……

"衡平法则大不相同,大法官或衡平法官因国王亲自指定的特殊身份而握有令人为此或不得为此之权力。衡平法对人,也因此有别于普通法院仅涉及诉讼当事人财产的对物管辖权。因此,大法官可以命令被告不得威胁损害原告之财产,或径行命令被告依合同向原告交付财产。若被告不服衡平法院之命令,他将因蔑视法庭而遭监禁,直到其从命为止。"

97 梅特兰:《信托与法人》,第 350 页注释 1。

在令人匪夷所思。莫非词语——尤其是拉丁词汇——真有控制思 108
想的魔力不成？

仍设某甲为土地所有权人，而某乙在某甲的草坪与小径上驾车。某甲的第一性对物权受侵，并因此产生了对某乙的第二性对人权——或者用霍姆斯大法官的话说，发生了一项新“债”。[98] 某甲可依普通法起诉某乙，并在程序的“第一阶段”获得令乙赔偿其500元损失的对人判决。此判决“用尽”或消灭了某甲的第二性对人权以及某乙的第二性义务，同时产生了一项关于支付500元赔偿金的“新”债——对人权及其相关义务。纵然债务人某乙无力履行，此判决也依然有效。[99] 那么，若某乙未履行因判决而生之义务，某甲在多数情形下可据此提起新的诉讼，尽管有时非因特殊事由，再次起诉的费用将由原告自行承担。[100]

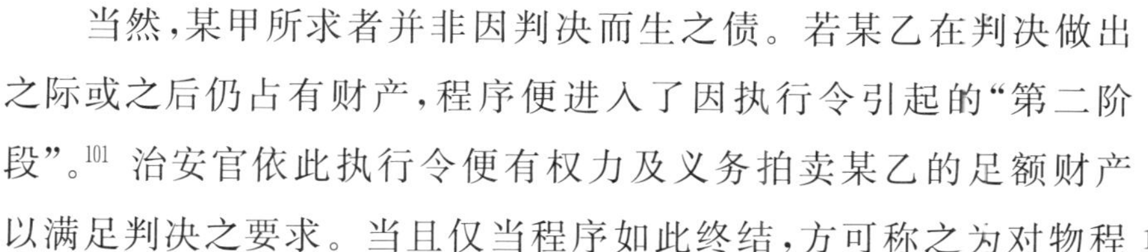

当然，某甲所求者并非因判决而生之债。若某乙在判决做出之际或之后仍占有财产，程序便进入了因执行令引起的“第二阶段”。[101] 治安官依此执行令便有权力及义务拍卖某乙的足额财产以满足判决之要求。当且仅当程序如此终结，方可称之为对物程 109

[98] 参见本书前文，第102页。

[99] 参见霍姆斯大法官在前引“泰勒诉登记法院案”（1900，175 Mass.，71，76）中的意见：“若诉讼的目标是通过至少在理论上一般拘束人身的判决创设对其人的一项请求权……则属对人之诉，尽管可能涉及某有体物的权利或占有。”

这位博学的法官还在该意见的另一段中谈到创设“无限人身责任”的对人判决（第77页）。

[100] 参见《弗里曼论裁判》（*Freeman on Judgments*，4th edn.，1898），第432节以下。

[101] 有关普通法诉讼与衡平法诉讼的“第一阶段”与“第二阶段”，参见前引哈德威克勋爵在“佩恩诉巴尔的摩爵士案”中的意见，本书第69页，注释11。

序。[102] 更确切地说，乃是准对物（*quasi in rem*）程序。[103] 换言之，依“对人”与“对物”两术语在此处的具体含义，自起诉至执行拍卖为

102 在有些著作中，纵然执行此拍卖仅是赔偿判决之结果，既非为保障此判决而提起之诉请，也非该判决自身之要求，却仍被称为对物执行（艾姆斯：《法律史讲义》，第107页；斯通：《法与执法》，第93、95页）。该诉请与判决反而被认为是对人的。参见霍姆斯大法官在前引“泰勒诉登记法院案”中的意见。另参见霍姆斯大法官在“雷丁顿诉弗莱伊案”（*Redington v. Frye*，1857，43 Me.，578，586）中的意见：“大量的尴尬局面都源自一种错误观念，即所谓承包商与分包商可获得同等救济；然而前者对债务人的动产与不动产之总体享有对人权，而对其因业务而有特定利益之具体财产享有对物权，在判决做出之后，承包商可自行选择对哪部分财产加以执行……而分包商却对财产所有权人并无请求权——其请求权仅针对财产自身（对物）以及雇主的人身与财产（对人）。”

然而，上文业已澄清了司法程序之所以分为两个阶段的缘由所在；对遭拍卖之财产而言，两个阶段乃是在共同起作用，仿佛从一开始就把该财产被作为拍卖对象，而根本不曾经历二者之间那个对人判决一般。那么，这两个共同发生作用的程序当然应被称为对物程序。更确切地说，乃是准对物程序。

103 比较弗兰克林大法官（Justice Franklin）在“胡克诉霍夫曼案”（1915，16 Ariz.，540，557）中的意见：“尽管对物之诉或对物程序确切而言乃是针对某物自身，且以不经特定请求权而直接处分该物为目的，但该术语或多或少也指两造之间的诉讼或程序，即以取得并处分对方所有或利害攸关之财产为目的；但因后者并非严格意义上的对物程序，故其常被更恰当地称作准对物程序以区别于前者。”

当然，将严格意义上的对物程序解释为“针对某物自身”并不准确。参见霍姆斯大法官在前引“泰勒诉登记法院案”中的意见：“虽拟物为人并将其作为被告，但也只是个符号而非真正事实。其实这是为了便于表达此程序及其结果之性质而进行的拟制，仅此而已。”

此外，我以为将严格的对物程序与准对物程序的区别描述为前者对世而后者仅针对具体之人也远非准确与充分。譬如船舶在严格的对物海事程序中遭拍卖，其效力乃是消灭船主的所有权（即一系列权利之集合）并将新所有权授予买受人。那么同理，设因判决而成债务人的某乙之马匹遭治安官拍卖，这也与上述情形一般无二——假如某乙实际拥有该马匹的话。严格的对物程序总能“命中权利之靶标”，而准对物程序却未必如此。

其实严格的对物程序乃是不针对具体人的程序，此程序以真正所有权人的财产利益为目标，而不论此人为谁。唯有意识到此点，才能正确、充分地理解此程序。而准对物程序则仅以特定当事人的利益为目标。因此就后者变更所有权之效力而言，必须以特定当事人实际享有该法律利益为条件。

然而，若一般准对物程序有效，便也如严格对物程序一般影响所有其他人的法律关系，而不仅限于影响该物的原所有权人；因为在一切涉及“权利变更”的案件中，所有其他人因该物而对原所有权人所负担的义务皆告消灭，转而对新所有权人产生了相应义务。

止的程序具有两方面的效果:(1)以做出判决告终的第一阶段程序,仅就其自身而言乃是对人程序;(2)若将程序的第一阶段与第二阶段一并考虑,则是涉及在执行中遭拍卖之特定财产的准对物程序。

然而,若某甲起诉之法院对某乙并无管辖权,他便不能提起损害赔偿之诉,法院也无法做出上述对人判决;那么某甲便可对某乙之财产提起对物之诉,并通过拍卖该财产而使某甲的损失获得赔偿。在此情形下,**整个**程序皆以消灭某乙对特定财产(若他确实拥有该财产的话)之所有权并通过执行拍卖为某甲创设新的相应权 110
利为目的,则此程序便是准对物程序。

由此可见,**纵然是普通法院**,对第一性对物权的确立视情况既可采用对物程序,也可通过准对物程序,甚至二者皆备(即一般普通法诉讼的第一与第二阶段)。[104] 同样一目了然的是,第一性对人权——譬如某甲令某乙给付 10000 元的权利——也总是通过两个诉讼阶段共同确定。换言之,即依赖准对物程序。

第一性对物权总是通过本文所称的这种特殊意义上之对人程序确定,在海事案件中尤其如此。于是——

1907 年,霍姆斯大法官在“汉密尔顿案”(*The Hamilton*)中写道:

目前,我们面临的乃是上一问题的另一方面:州法能否

104 当然,当事人哪怕只要求法院做出对人判决,财产也自始至终被作为拍卖的对象以满足判决之要求。

> 111 有效适用于海事案件。若其有效，便对“汉密尔顿”号的船主施加了一项债务或人身责任（*Slater v. Mexian National R.R.Co.*，1904，194 U.S.，120，126）。当然，审理海事案件时不可对此前就合法产生的任何权利置之不理（*Ex parte McNeil*，1871，13 Wall.，236，243）。因州法并未规定留置权，故本案不可适用对物程序，而应采取对人程序。[105]

再设某甲之土地遭某乙侵占，而某甲从一开始就未依普通法起诉，而是寻求衡平法院的保护，后者对某乙发出了禁令（injunction）。衡平法院（在衡平法程序的“第一阶段”结束之际）之判决将产生下述结果：某乙负担了不得侵占某甲土地的（新）义务，而某甲则被赋予了相关的衡平法（新）权利。[106] 衡平法程序的第一阶段也属对人，与普通法程序的相同阶段并无区别。若某乙未履行禁令所生之消极义务，则程序一般会进入“第二阶段”并发生因蔑视法庭而监禁某乙之结果。若将此称为对人“执行”或程序，则此种用法与上举诸例颇有不同但更符合“对人”一词的字面含义。[107] 但本文尤

---

105 （1907）207 U.S.，398，405.

106 比较：*Fall v. Eastin*（1909），215 U.S.，1，14-15（霍姆斯大法官的并存意见）；*Mallatte v. Carpenter*（1916），160 N. W. （Wis.），182。参见拙文：《衡平法与普通法的冲突》，第 311 页。

另参见拙文：《衡平法与普通法的关系》，第 537、567—568 页。

107 关于“对人”与“对物”这两个术语不同用法的总结，见本书第 69—70 页。有关普通法上因逮捕令（*capias ad repondem*）或传唤令（*capias ad satisfaciendum*）而实施的监禁与衡平法诉讼中因被告蔑视法庭而出于强制执行判决之目的的监禁这两方面的比较，参见库克教授在《衡平法院的权力》一文中的阐述。

另参见拙文：《衡平法与普通法的关系》，第 537、564—567 页。

其要强调的是，某甲的第一性对物权此时只能排他地通过衡平法程序确认，然而后者的两个阶段皆属对人，二者的意义却不尽相同。

然则凭什么就假定衡平法“只能对人”？[108] 能否据此认为衡平法上本无第一性对物权，即非特定权利？若普通法程序不复存在，112
而某甲只能靠衡平法保障其有关土地之对物权，那么该权利是否将丧失对物权之属性而蜕变为对人权？

设某甲获得一项遗赠，其内容为终身使用某土地，且仅当某丙先于某乙死亡时，某乙才可继承该使用权。那么除非某丙在某甲之前死亡，否则显然某乙只拥有一项或有继承权（contingent remainder）。再设某丁威胁对该土地实施破坏性侵占，譬如损毁土地上之房屋。那么或有继承权人某乙并无“普通法上的”对物权，因为该权利尚未赋予某乙，是以只存在这一“可能”——潜在的权利、特权之属——而已。[109]

那么某乙当真并无令某丁与任何其他人不得严重且永久损害该土地的衡平法上排他性对物权吗？赋予某乙令终身受益人（某

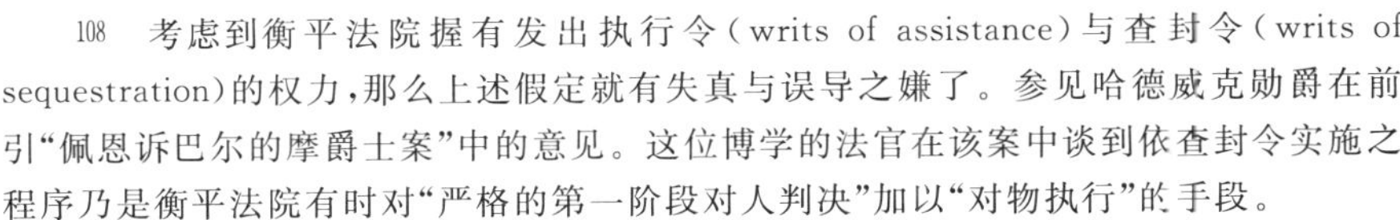

108 考虑到衡平法院握有发出执行令（writs of assistance）与查封令（writs of sequestration）的权力，那么上述假定就有失真与误导之嫌了。参见哈德威克勋爵在前引“佩恩诉巴尔的摩爵士案”中的意见。这位博学的法官在该案中谈到依查封令实施之程序乃是衡平法院有时对“严格的第一阶段对人判决”加以“对物执行”的手段。

同时请注意衡平法院在丧失抵押财产回赎权的案件中会采取（准）物程序消灭“回赎权”。比较：*Paget v. Ede*（1874），L.R.18Eq.，118.

109 严格来说，文中表述其实存在问题。

即使在普通法上，或有继承权人也拥有对不动产占有人“放弃”其利益的实有或既得权力。此外，还须考虑到遗赠权力与进行所谓“衡平法上之转让”（equitable assignment）的权力。

甲)不得“损毁”该土地之排他性衡平法权利的判决可谓不知凡几。则某乙拥有针对**所有其他人**的**排他性衡平法权利**,从而令后者不得损害土地及其有关该土地的(普通法与衡平法法上相容性)“法律”权利、特权之属也是一理。因为后者由继承人享有,故有关土地之行为“利害攸关”于前者未来对该土地的“占有与享用”——这恰是排他性衡平法对物权或**非特定**权利。有关损毁案件的法律格言也有力地支持了上述结论。[110] 同理,设某甲因欠某乙10000元债务而将其有关某土地的普通法权利让与某乙,双方约定:某乙于债务清偿期届至前占有该土地,而当某甲清偿债务之后,某乙
113 须将其有关土地之权利返还某甲。在某乙占有该土地期间,某丙威胁要砍伐土地上的观赏林木,若其当真实施此行为,某甲当然无法获得普通法上之救济,因为“普通法”对物权(普通法与衡平法上的相容性权利)[111]仅被赋予某乙。但显然某甲可请求衡平

---

110 比较下引案例中的表述:

巴特勒大法官(Justice Battle)在“布拉斯韦尔诉莫尔黑德案”(*Braswell v. Morehead*, 1852, 45 N.C., 26, 28)中的意见:“尚未执行之遗嘱或其他或有利益之权利人,在此方面与业已获得继承权者拥有同样的权利,且受法院同等保护。”

康纳大法官在“莱瑟姆诉罗阿诺克公司案”(*Latham v. Roanoke, etc., Co.*, 1905, 51 S.E.N.C., 780)中的意见:“或有继承权人对木材的利益由衡平法院以禁令保障之。”

肖大法官在“帕夫科沃奇诉南太平洋铁路公司案”(*Pavkovotch v. Southern Pacific R.Co.*, 1906, 150 Cal., 39, 50)中的意见:“原告并未被赋予利益(Civ. Code, secs. 693, 695);故移动该石块并未损害其实有财产权,因为对后者之损害须可计算其实际价值,或实际占有该物……但若虑及衡平法上的禁令,情形则大不相同了。或有继承权人之利益可借此免遭损毁行为的贬损或破坏。”

111 关于“普通法与衡平法上的相容性权利”与“衡平法上的排他性权利”这一分类,参见拙文:《衡平法与普通法的关系》。

法院对某丙发出禁令。[112] 换言之，即某甲拥有涉及该财产物质载体上的排他性衡平法对物权或**非特定**权利。至于衡平法上信托 114
受益人的权利、特权、权力与豁免之性质，则因兹事体大而本文篇幅有限，姑且将这一有趣的话题留待日后以专文探讨。[113] 然而，我希望本文所涉及的各类权利与救济已足堪表明第一性实体

112 “史密斯诉科利尔案”（*Smith v. Collyer*, 1803, 8 Ves., 89）似乎就属此类。然而艾登勋爵（Lord Eldon）拒绝发出禁令，但其理由却是，当时尚无对有别于“损毁”的“侵占”行为进行制裁的先例。原告律师争辩道：“原告在抵押权存在的情形下，除禁令之外再无阻止侵害行为或取得赔偿的法律手段，否则损害便无法获得救济。”艾登勋爵答道：“本人未见过任何相似案例……本案并非损毁，而只存在原告所称的侵占行为。在瑟洛勋爵（Lord Thurlow）对采矿行为发出禁令前，还不曾有过对侵占采用禁令的先例。而在我所提及的唯一先例中，采矿这一侵占行为也与损毁肖似。若对本案中的侵占人发出禁令，问题不在于谁为权利人，倒在于究竟要救济何种权利。”

另参见布鲁尔大法官（Justice Brewer）在“威尔逊诉罗克韦尔案”（*Wilson v. Rockwell*, 1886, 29 Fed., 674）中的意见：“诉状中陈述之事实毫不含糊地赋予原告获得禁令之权利。至于此权利归属原告还是阿里斯顿（Alston）公司的伍德麦斯（Woodmass）倒属无关紧要。二者之争议并不影响侵占人。今两造皆已到庭，该公司则被列为被告。现将**完整的衡平法权利或称所有权**赋予原告，本**衡平法院**将对**侵占人**采取措施以保障**所有权人**之利益，尽管其具体权属目前尚待确定。”

这类有关抵押人与抵押权人的案件就其根本而言其实与“尼斯比特与波茨合同纠纷案”（*In re Nisbet & Potts' Contract*, 1906, 1 Ch., 386）大同小异。该案表明，有关土地的限制协议（有时称作“衡平法上的地役权”）令受益人拥有对抗非法占有人或侵占人之权利，即后者不得对“所属”土地实施与限制协议所约定者相反之行为。而在上引第二个案例中，被告在衡平法上既非受益人的“代理人”也非“监护人”，却对此土地实施了行为，而抵押人与抵押权人在衡平法上皆为所有权人，医而便赋予原告因该物质实体（土地）而对抗所有其他人的权利，从而极其有力地保障了受益人之利益。

113 拙文《衡平法与普通法的关系》已分析了信托受益人利益的主要构成要素，另参见拙文：《衡平法与普通法的冲突》。

权利——不论对物权抑或对人权——之本质绝不取决于其确权程序的性质。[114]

于耶鲁大学法学院

114 比较《培根论用益》,第5—6页:"因此,用益与所有权或占有的主要区别就在于法律规则而非自然法则,即所有权归法律法庭(court of law)管辖,而用益则受制于良心法庭(court of conscience)。"

并比较达尼丁勋爵在"诺克顿诉阿什伯顿案"(*Nocton v. Ashburton*, 1914, A.C., 932, 964)中的意见:"有些义务并非因通常意义上的合同而生,诸如受托人对信托受益人负担之义务以及信守诺言的义务便是如此。后者虽专属衡平法管辖件,但在本人看来,合同义务与因违约所生之义务在科学上并无区别,而只是由于普通法法官对前者虽欲救济也无从着手,而普通法的逻辑(即使是不谙普通法的法学家掌握起来也并不费力)恰是先有救济才有权利。"

图书在版编目(CIP)数据

司法推理中应用的基本法律概念:修订译本/(美)韦斯利·霍菲尔德著;张书友译.—北京:商务印书馆,2024
(汉译世界学术名著丛书:120年纪念版:珍藏本:增订本)
ISBN 978-7-100-23756-7

Ⅰ.①司… Ⅱ.①韦…②张… Ⅲ.①法律—研究
Ⅳ.①D9

中国国家版本馆CIP数据核字(2024)第077943号

汉译世界学术名著丛书
(120年纪念版·珍藏本·增订本)
司法推理中应用的基本法律概念
(修订译本)
〔美〕韦斯利·霍菲尔德 著
张书友 译

商务印书馆出版
(北京王府井大街36号 邮政编码100710)
商务印书馆发行
北京市十月印刷有限公司印刷
ISBN 978-7-100-23756-7

2024年5月第1版 开本710×1000 1/16
2024年5月北京第1次印刷 印张10¼
定价:52.00元